新发展格局下的
高校学生就业能力研究

张 倩 闫雪楠 ◎著

中国商业出版社

图书在版编目（CIP）数据

新发展格局下的高校学生就业能力研究 / 张倩，闫雪楠著. -- 北京：中国商业出版社，2024.5
 ISBN 978-7-5208-2899-4

Ⅰ.①新… Ⅱ.①张… ②闫… Ⅲ.①高等学校－毕业生－就业－研究－中国 Ⅳ.① G647.38

中国国家版本馆 CIP 数据核字（2024）第 082359 号

责任编辑：滕　耘

中国商业出版社出版发行
（www.zgsycb.com　100053　北京广安门内报国寺 1 号）
总编室：010-63180647　编辑室：010-83118925
发行部：010-83120835/8286
新华书店经销
济南圣德宝印业有限公司印刷

*

710 毫米 ×1000 毫米　16 开　11.5 印张　190 千字
2024 年 5 月第 1 版　2024 年 5 月第 1 次印刷
定价：60.00 元

****

（如有印装质量问题可更换）

前言

FOREWORD

  高等教育在经历了十多年的快速发展后，已逐步进入大众化教育阶段。伴随着高等教育的快速发展，高校与社会对高校大学生的就业必须给予充分的重视。大学生就业问题不仅关乎学生个人和家庭，更关乎国计民生。研究大学生就业过程中出现的新问题，并提出有效的解决办法，对于服务国家的经济社会发展、建立人力资源强国和创新型国家具有深远意义。

  2020 年 7 月 30 日，中共中央政治局会议指出，"当前经济形势仍然复杂严峻，不稳定性不确定性较大，我们遇到的很多问题是中长期的，必须从持久战的角度加以认识，加快形成以国内大循环为主体、国内国际双循环相互促进的新发展格局"。

  新发展格局不仅对中国经济的长远发展具有重要意义，同时也对大学生就业产生了深远的影响。在此背景下，探讨如何提升大学生的就业能力，以应对新形势下的就业挑战，显得尤为重要。

  基于此，笔者著成了《新发展格局下的高校学生就业能力研究》一书。本书在编写过程中，收集、查阅和整理了大量文献资料，在此对学界前辈、同人和所有为此书编写工作提供帮助的人员致以衷心的感谢。由于篇幅有限，加上笔者能力有限，编写时间又较为仓促，书中如存在不足之处，敬请广大读者给予理解和指教！

笔 者

2024 年 2 月

目 录
CONTENTS

第一章 新发展格局下的创新创业新思维 …………………………… 1

    第一节 全面认识新发展格局 …………………………………… 1

    第二节 创新创业新思维 ………………………………………… 12

第二章 高校大学生就业能力研究 …………………………………… 21

    第一节 关于就业能力的研究 …………………………………… 21

    第二节 大学生就业能力的内涵与构成要素 …………………… 23

    第三节 职业生涯规划的相关理论 ……………………………… 31

    第四节 大学生的就业心理研究 ………………………………… 40

第三章 高校大学生就业管理研究 …………………………………… 55

    第一节 高校大学生就业管理概述 ……………………………… 55

    第二节 高校大学生就业管理工作的原则 ……………………… 58

    第三节 高校管理和指导大学生就业的实践 …………………… 64

    第四节 高校大学生自主创业工作的指导 ……………………… 79

第四章 大学生就业能力提升策略研究 ……………………………… 97

    第一节 大学生就业能力的提升策略 …………………………… 97

第二节　大学生创新创业能力的提升策略 …………………… 119

第五章　高校就业创业教育研究 ………………………………… 129
　　第一节　高校就业创业教育课程体系建设 …………………… 129
　　第二节　高校就业创业教育实践体系建设 …………………… 139

第六章　大学生就业精准管理服务 ……………………………… 150
　　第一节　大学生就业精准管理服务概述 ……………………… 150
　　第二节　精准就业管理服务体系的构建思路 ………………… 158
　　第三节　大学生精准就业管理服务系统 ……………………… 170

参考文献 …………………………………………………………… 176

第一章　新发展格局下的创新创业新思维

第一节　全面认识新发展格局

以国内大循环为主体、国内国际双循环相互促进的新发展格局，是根据我国发展阶段、环境、条件变化提出来的，是重塑我国国际合作和竞争新优势的战略抉择，是我国的重大战略部署，将对我国和世界经济发展作出重要贡献，意义重大。

一、新发展格局的科学内涵及重要意义

以国内大循环为主体、国内国际双循环相互促进的新发展格局，绝不是封闭的国内循环，而是开放的国内国际双循环；不仅是应对世界经济的现实需要，更是中国经济高质量发展的内在要求；不仅对国内经济发展意义重大，更对世界经济复苏作用巨大。

（一）新发展格局的科学内涵

马克思主义认为，经济活动"是一个经过各个不同阶段的循环过程，这个过程本身又包含循环过程的三种不同形式"。对于宏观层面的产业资本循环而言，"产业资本的连续进行的现实循环，不仅是流通过程和生产过程的统一，而且是它的所有的三个循环的统一"。从马克思主义资本循环理论中不难看出，所谓国内循环，是以满足国内需求为出发点和落脚点，以国内的分工体系和市场体系为

载体，以国际分工和国际市场为补充和支持，以国民经济循环顺畅、国内分工不断深化、总体技术水平不断进步为内生动力的资源配置体系；而国际循环则是以国际分工和国际市场为基础，以国际产业链和价值链为依托，以国际贸易、国际投资和国际金融为表现形式，基于比较优势的各经济体相互竞争、相互依存的经济循环体系。

2020年，以习近平同志为核心的党中央提出的"以国内大循环为主体、国内国际双循环相互促进的新发展格局"，既是对马克思资本循环理论的继承、创新和发展，又是对我国早期经济建设循环理论的创新和发展。加快构建新发展格局，也是党的二十大提出的一项战略任务。

理解新发展格局应把握好以下三个方面的内容。

一是以国内大循环为主体。以国内大循环为主体就是要求必须把扩大内需作为战略基点，把满足国内需求作为根本出发点，通过供给侧结构性改革，完善扩大内需的政策支撑体系。与此同时，还应依托强大的国内市场，推动并形成经济发展良性循环，以进一步打通生产、分配、流通、消费等诸多环节，实现上下游、产供销有效衔接，协调工业、农业、服务业、制造业等产业门类关系。

二是国内国际双循环相互促进。国内循环与国际循环不是各自孤立存在的，它们缺一不可、相互作用。国内循环是基础，是根本，更是国民经济发展的主体，只有发展好国内循环，才能更好地推动国际循环。打通、做实国内循环可以进一步刺激国内需求，扩大国内消费，进而加大进口量和进口规模，为扩大进口创造更好的条件，推动国际循环；另外，打通、做实国内循环也可以让人民生活更加美好，对生活的追求更加多样，对生活质量的追求也更加高，这些终将推动消费升级和需求升级、创造升级和制造升级，在优化国内循环的同时也将持续优化国际循环。国际循环不仅是国内循环的补充和延伸，更是高质量国内循环的动力和保障。国际循环可以缓解国内就业压力，提高居民收入水平，进而扩大内需；国际循环可以拉动国内投资、贸易、生产等，促进国内循环；技术含量较高的国际循环同样可以通过学习效应、溢出效应和示范效应等，刺激人民消费水平和消费质量，提高国内供给能力，推动国内循环结构进一步升级换代。不难看出，要将国内循环和国际循环充分结合起来，相互影响，相互促进，共同作用，形成一个紧密的共同体和统一体，为中国经济高质量发展持续不断地提供动力。

三是实现更加开放的国内国际双循环。对外开放是我国一项长期的基本国策，是科学总结我国历史经验教训的必然结果，是当今世界发展的必然结果，更是我国繁荣昌盛的不二法门，必须坚持对外开放不动摇，并将其作为一项国策长期坚持和执行下去。通过对外开放，资金短缺得到缓解，科学技术得到进一步发展，新技术革命和产业革命得以推动，人民生活得到较大改善，国内生产总值和科技创新取得重大进步，我国取得了举世瞩目的成绩。通过对外开放，与国际接轨，我国学习了先进的管理经验，市场经济体制得到进一步改革和完善。尤其是近年来，我国经过多年不断深化改革开放，早已深度融入经济全球化和国际分工体系。经济发展离不开国际产业链、供应链的协同配合，产业技术进步也离不开参与国际合作和竞争。构建新发展格局，离不开更加开放的国内国际双循环。只有更加开放，才能利用国内的消费市场等吸引全球资源要素来到中国，让更多的投资投向中国，进而进一步促进经济高质量发展，实现社会主义现代化强国目标；只有更加开放，才能进一步优化国内工业体系，才能进一步优化国际国内市场布局、商品结构和贸易方式，增加优质产品进出口，提升进出口质量，构建高质量现代化的物流体系，进而实现更加开放的国内国际双循环。

（二）新发展格局的重要意义

我国将坚定不移地构建新发展格局，在此背景下，我国市场潜力将充分激发，市场活力将充分开发，对外合作和开放将不断深化，这对我国意义重大。从世界范围来看，构建新发展格局使得我国更加积极地融入全球市场，更加主动地深化对外合作，为世界经济复苏和增长增添活力，为世界经济发展创造更多的机遇和空间。

1. 新发展格局对世界经济复苏和发展具有积极意义

当今世界，和平与发展仍然是时代主题，然而人类正处在一个特殊的历史时期，世界经济中的风险和不确定性增加。在此背景下，我国适时提出构建以国内大循环为主体、国内国际双循环相互促进的新发展格局，为世界解决共同面临的难题指明了实践路径，为世界抵御共同面临的风险提供了思维方法，为世界经济复苏、增长、发展和繁荣增添了动力，创造了更多的机遇和空间。

构建新发展格局要从供给和需求两端同时发力，全面畅通生产、分配、流通、消费各环节，在提高经济韧性和竞争力的同时，建设更高水平的开放型经济新体制。开放的中国将会为世界带来更多的合作机遇，推动高水平对外开放将为国际市场带来绝对的利好；我国通过放宽外资市场准入、加快自贸区建设、推进"一带一路"建设等方式加大对外开放力度，与世界各国共享改革开放的发展成果；我国扩大来自世界其他地区的原材料进口，对世界经济复苏产生积极作用；等等。如此这些，将为各国共享中国经济高质量发展成果带来更多机遇，对世界经济复苏和发展具有十分积极的意义。

2. 新发展格局对中国经济和社会发展意义重大

新发展格局可以更好地推动我国经济高质量发展。党的十九大报告中提到"我国经济已由高速增长阶段转向高质量发展阶段"，这是党中央首次提出"高质量发展"。党的二十大报告中指出"加快构建新发展格局，着力推动高质量发展"。党的十九届五中全会也将推动高质量发展作为"十四五"时期经济社会发展的主题。高质量发展内涵十分丰富，其核心理念是创新、协调、绿色、开放与共享，其发展路径是供给侧结构性改革，其战略目标是建设现代经济体系。具体而言，加快转变经济发展方式，推动经济发展质量变革、效率变革、动力变革是实现高质量发展的根本。即促进创新、协调、绿色、开放、共享的新发展理念在建设现代化经济体系的实践中落地生根；以供给侧结构性改革为主线，把提高供给体系质量作为主攻方向，改造提升传统制造业，培育发展战略性新兴产业，加快发展现代服务业，实现实体经济、科技创新、现代金融、人力资源协同发展，强化实体经济在国民经济中的基础地位；以重点突破带动整体推进，在整体推进中实现重点突破，加快探索形成推动高质量发展的指标体系、政策体系、标准体系、统计体系、绩效评价、政绩考核，筑牢高质量发展的支撑体系。以国内大循环为主体、国内国际双循环相互促进的新发展格局，一方面，是以国内大循环为主体，集中力量办好自己的事，既要扩大内需，降低对国外市场的依赖，又要延伸产业链，降低对国外资源技术的依赖，使生产、分配、流通、消费更多依托国内市场，形成国民经济良性循环；另一方面，实现高水平的对外开放，积极地参与国际分工合作，坚持进口与出口并重、利用外资和对外投资相互协调，增强国际国内两个市场、两种资源的黏合度，逐步实现由商品和要素流动型开放向规则等制度型开放转变，提升投资和贸易便利化水平，不断优化营商环境，促进与相关国家的交流与合作。

新发展格局也是维护国家经济安全的需要。国家经济安全是指在经济全球化时代，一个国家保持其经济存在和发展所需资源有效供给、经济体系独立稳定运行、整体经济福利不受恶意侵害和不可抗力损害的状态与能力，是一个国家安全的基础。近年来，我们越来越清醒地认识到，我国在全球产业链中所处的地位虽已逐步升高，但产品的附加值仍不够高，品牌效应不够强，某些高科技产品和技术对供应链的依赖性较强，国际环境日趋复杂，经济增长的不稳定性、不确定性仍然较强。构建新发展格局就是要打通经济循环堵点，提升产业链、供应链的完整性，使国内市场成为最终需求的主要来源，形成需求牵引供给、供给创造需求的更高水平动态平衡，形成国民经济良性循环。与此同时，把新发展理念贯穿发展全过程和各领域，构建新发展格局，切实转变发展方式，推动质量变革、效率变革、动力变革，实现更高质量、更有效率、更加公平、更可持续、更为安全的发展。当然，构建新发展格局，就是统筹国内国际两个大局，着力固根基、扬优势、补短板、强弱项，注重防范化解重大风险挑战，实现发展质量、结构、规模、速度、效益、安全相统一。构建新发展格局能够更好地满足人民美好生活需要。美好生活需要可以分为国家和个人两个层面，国家层面是成为富强、民主、文明、和谐、美丽的社会主义现代化强国，个人层面包括家庭幸福、事业成功、生活美满等。满足人民美好生活需要就是要以人民为中心，发展国家经济、改善社会民生、促进人的全面发展。构建新发展格局，贯彻新发展理念，实现高质量发展，不仅可以推进社会主义现代化强国建设，而且有更多的发展成果惠及全体人民，给人民带来更多获得感、幸福感、安全感，更好地满足人民美好生活需要。

3. 新发展格局具有较强的理论意义和实践意义

从理论层面来看，以国内大循环为主体、国内国际双循环相互促进的新发展格局的提出及阐述，回答了新阶段任务，提出了解决当前世界难题的办法，丰富了马克思主义政治经济学，充实了马克思主义理论；构建新发展格局是新阶段再次对马克思主义理论的运用，是对新阶段面临实际问题的理论思考，是马克思主义中国化的新发展和新实践，是应对高质量经济发展的重大战略，也是面对我国发展新阶段、新环境和新条件下，比较系统地给出了重大问题的解决之道，是习近平新时代中国特色社会主义思想的创新成果，更是指引我国高质量发展、可持续发展和兼顾公平与效率发展的强大思想理论武器。从实践层面来看，当前，一方面，以国内大循环为主体、国内国际双循环相互促进的新发展格局为世界解决共同面临的难题指明了实践路径，为世界抵御共同面临的风险提供了思维方法，为世界经济复苏繁荣提供了机遇和动力；另一方面，以国内大循环为主体、国内国际双循环相互促进的新发展格局的构建可以使得我国于危机中育先机、于变局中开新局，推动我国高质量发展，更好地为人民谋幸福、为民族谋复兴，高质量实现第二个百年奋斗目标，建成富强、民主、文明、和谐的社会主义现代化国家。

二、构建新发展格局的路径

（一）扩大内需

内需即国家内部需求，主要包括投资需求和消费需求两个方面。扩大内需就是扩大国内的需求，如通过发行国债等积极财政货币政策启动投资市场，或通过信贷等经济杠杆启动消费市场，以拉动经济增长。生产、分配、交换和消费是整个社会生产过程中的四个环节，它们互相联系、相互制约，共同组成了社会生产的全过程。从扩大内需的角度来讲，投资需求和消费需求均是由生产和消费两个方面决定的。因此，扩大内需应从生产和消费两端出发。

生产影响消费，生产结构不合理必然造成需求不旺盛。由此可见，生产影响着投资，生产也影响着消费。当前，我国还存在需求不足和生产过剩的矛盾。一方面，生产不足和生产有效供给不足使得需求不足的现象存在，并且不同地区和不同行业的发展存在着较大的差异，这与人们对美好生活的需要产生矛盾，是现阶段必须要解决的问题；另一方面，在发展过程中还存在生产过剩的现象，比如，产能过剩、商品过剩、供大于求、没有人购买，或由于流通渠道不畅而难以实现消费，这些又将造成大量的浪费。归根结底，上述这些现象较大一部分是生产结构不合理导致的，因此，我国应深层次调整产业结构，使产业结构合理化、高级化。所谓的产业结构合理化，是指各产业之间相互协调，有较强的产业结构转换能力和良好的适应性，能适应市场需求变化，并带来更多效益，具体表现为产业之间的数量比例关系、经济技术联系和相互作用关系趋向协调平衡的过程。所谓的产业结构高级化就是产业结构升级，是指产业结构系统从较低级形式向较高级形式的转化过程。当然，产业结构调整需要充分发挥市场配置资源的决定性作用，坚持市场调节和政府引导相结合，实现资源优化配置；需要有效投资补短板、强弱项、优结构、增动能。只有产业结构调整到位后，才能更好地扩大投资需求，扩大有效投资，增加有效需求，而且能够改善有效供给，为经济持续增长奠定坚实的基础，增强经济发展的后劲。

消费带动生产，消费需求不足必然抑制内需动力不足。消费对于扩大内需的意义重大，它带动了生产，进而拉动了投资内需和消费内需，是扩大内需最直接、最有效的办法。反之，不重视消费，不仅阻碍着新发展格局的构建，而且可能会引发一系列危机。毫无疑问，全面促进消费势在必行。增强消费对经济发展的基础性作用，顺应消费升级趋势，提升传统消费，培育新型消费，适当增加公共消费。促进消费向绿色、健康、安全发展，鼓励消费新模式新业态发展。加快推动汽车等消费品由购买管理向使用管理转变，促进住房消费健康发展。健全现代流通体系，发展无接触交易服务，降低企业流通成本，加快线上线下消费融合发展，完善城乡融合消费网络。发展服务消费，放宽服务消费领域市场准入。完善节假日制度，全面落实带薪休假制度，扩大节假日消费。培育国际消费中心城市，改善消费环境，强化消费者权益保护。

（二）深化改革

改革是解放和发展社会生产力的关键，是推动国家发展的根本动力。中华人民共和国成立以来，在不断探索和改革中取得了举世瞩目的成绩。尤其是改革开放四十多年来，国家发生了翻天覆地的变化，取得了举世公认的伟绩。然而，随着社会的不断前进和发展，当前形势下，构建新发展格局又面临不少新情况、新问题，唯有进一步深化改革，激发活力、释放潜能，调节社会关系和社会活动的体制、机制，随之不断完善，才能不断适应解放和发展社会生产力的要求，不断推动新发展格局的构建。

开展利于提高资源配置效率的改革，利于提高发展质量和效益的改革，利于调动各方面积极性的改革，可以进一步释放发展潜能，提升发展质量，助力新发展格局的构建。

深化改革是让市场在资源配置中起决定性作用。所谓市场，是指以商品等价交换为准则的经济活动方式，即市场经济。市场在资源配置中起决定性作用的实质是让价值规律、竞争和供求规律等市场经济规律起决定性作用。市场决定资源配置的优势在于，可以引导资源配置符合价值规律以满足最小投入取得最大效益的要求。通过市场在资源配置中起决定性作用，利于最大限度激发各类市场主体创业、创新活力，利于调整经济结构，加快我国经济转型升级；利于大幅度减少政府对资源的直接配置，建设高效廉洁的服务型政府；利于构建开放型经济新体制，推动我国更高质量、更高水平的对外开放，在广度和深度上进一步融入经济全球化。通过深化改革，提高发展质量和效益，加快形成有利于推动高质量发展的指标体系、政策体系、标准体系、统计体系、绩效评价、政绩考核办法，并使其成为主导经济工作的重要力量；通过深化改革，使生产、分配、流通、消费更多依托国内市场，提升供给体系对国内需求的适配性，形成需求牵引供给、供给创造需求的更高水平动态平衡，推动经济发展质量变革、效率变革、动力变革，加速新旧动能转换。通过深化改革，建设现代流通体系，打通国民经济循环的淤点和堵点。高水平动态平衡是在现代流通中形成动态平衡，如果生产、分配、交换、消费不能打通，就无法形成动态平衡。现代流通体系既是从生产到消费各环节有效衔接的纽带与通道，又是资源配置的有效载体，更是国内统一大市场的重要组成部分，在当前高标准市场体系、高水平大循环中均发挥着重要作用。通过加强金融基础设施建设、完善社会信用体系建设、加大金融产品创新供给等措施，深化金融改革，构建现代流通体系。

（三）推进科技创新

科技即科学技术的简称，是第一生产力。科技的发展推动了社会的进步，改变了人类的生活，为人类文明进步提供了不竭的动力。对一个国家而言，科技兴则民族兴，科技强则国家强，科技深刻影响着国家前途命运和人民幸福安康。创新是指以现有的思维模式提出有别于常规或常人思路的见解为导向，利用现有的知识和物资，在特定的环境中，本着理想化需要或为满足社会需求，而改进或创造新的事物、方法、元素、路径、环境，并能获得一定有益效果的行为。创新是第一动力。纵观人类发展历史，创新始终是推动一个国家、一个民族向前发展的重要力量，也是推动整个人类社会向前发展的重要力量。在激烈的国际竞争中，唯创新者进，唯创新者强，唯创新者胜。科技创新即原创性科学研究和技术创新，是指创造和应用新知识、新技术和新工艺，采用新的生产方式和经营管理模式，开发新产品，提高产品质量，提供新服务的过程。科技创新包括知识创新、技术创新和现代科技引领的管理创新三类。中华人民共和国成立以来，在科技创新上取得了举世瞩目的成绩，在基础研究、应用基础研究、面向国家重大需求战略的高技术研究成绩卓绝，一些重大创新成果竞相涌现。

新发展格局需要有新的发展动能，需要实现高质量发展，科技创新是关键。推进科技创新离不开政府、企业和科研机构的支持，因此，应充分发挥在推进科技创新中的政府主导作用、企业主体作用和科研机构主要作用，为新发展格局的构建提供强大的动力。

1. 充分发挥政府在推进科技创新中的主导作用

政府应加快转变科技创新的管理职能，发挥好组织优势和政府推进创新的作用。以科技创新激励为抓手，营造公平、开放、透明的市场环境，强化竞争政策和产业政策对科技创新的引导，促进优胜劣汰，增强市场主体科技创新动力；发挥市场对技术研发方向、路线选择和各类创新资源配置的导向作用，调整创新决策和组织模式，强化普惠性政策支持，促进企业真正成为技术创新决策、研发投入、科研组织和成果转化的主体；发挥金融创新对技术创新的助推作用，培育壮大创业投资和资本市场，提高信贷支持创新的灵活性和便利性，形成各类金融工具协同支持科技创新发展的良好局面；尊重知识、尊重科技、尊重创新，让科技人员在科技创新中得到合理的回报，通过成果应用体现创新价值，通过成果转化创造财富；改革科技管理体制，加强创新政策评估督查与绩效评价，形成职责明晰、积极作为、协调有力、长效管用的创新治理体系。

2. 充分发挥企业在推进科技创新中的主体作用

企业是创新的主体，要努力成为技术创新决策、研发投入、科研组织和成果转化的主体；要加快创新成果的转化应用，彻底打通关卡，破解实现技术突破、产品制造、市场模式、产业发展"一条龙"转化的瓶颈；要制定和落实鼓励技术创新各项政策，强化科技创新倒逼机制，加大对科技创新支持力度；要加快完善科技成果使用、处置、收益管理制度，发挥市场在资源配置中的决定性作用，让机构、人才、装置、资金、项目都充分活跃起来，形成推动科技创新强大合力。

3. 充分发挥科研机构在推进科技创新中的主要作用

科研机构要加快建设一支规模宏大、富有创新精神、敢于承担风险的创新型人才队伍，按照创新规律培养和吸引人才，按照市场规律实现人尽其才、才尽其用、用有所成；要优化创新机制，充分发挥科研人员积极性，推动科技成果转化，创造更多世界领先、服务人民的科技成果；要根据世界科技发展态势，优化自身科技布局，厚实学科基础，培育新兴交叉学科生长点，重点加强共性、公益、可持续发展相关研究，增加公共科技供给；当然，科研机构之间要加强交流与合作，优势互补，协同育人，打牢我国科技创新的科学和人才基础。

（四）推动高水平对外开放

对外开放即发展开放型经济，就是积极主动地扩大对外经济交往，放开或者取消各种限制，不采取单方面保护政策。对外开放是我国一项基本国策。1978年，党的十一届三中全会作出了中国实行改革开放的伟大决策，确立了"通过经济特区—沿海开放城市—沿海经济开发区—内地四个层次的探索和实践，滚动式地由南到北，从东到西，先外后内，逐步推进，在不同层次上实行不同程度的优惠政策和灵活措施"为基本内容的对外开放政策，至此，中国逐步走向了世界。我国的对外开放大体上经历了三个发展阶段：1978—1991年，以沿海区域开放为重点的探索开放阶段；1992—2000年，对外开放加速向纵深推进和全方位区域开放格局基本形成阶段；2001年至今，对外开放步入历史新阶段。对外开放40多年来，兴办深圳等经济特区，沿海、沿边、沿江、沿线和内陆中心城市对外开放，加入世界贸易组织，共建"一带一路"，设立自由贸易试验区，成功举办首届中国国际进口博览会，推行"引进来""走出去"的政策，使我国综合国力进入世界前列，国际地位显著提升，国家面貌发生了前所未有的变化。"十四五"时期是我国全面建成小康社会、实现第一个百年奋斗目标之后，开启全面建设社会主义现代化国家新征程、向第二个百年奋斗目标进军的第一个五年，对我国至关重要。然而，国内、国际发展环境经历了深刻的变化。正是在此背景下，2020年10月29日，中国共产党第十九届中央委员会第五次全体会议通过的《中共中央关于制定国民经济和社会发展第十四个五年规划和二〇三五年远景目标的建议》，正式将"实行高水平对外开放"写入"十四五"规划纲要中，作为今后几年工作的重要内容。

高水平对外开放是构建"双循环"新发展格局的重要途径。"以国内大循环为主体"不是闭门造车，我国经济在全球化背景下早已与世界融为一体，形成了你中有我、我中有你、谁也离不开谁的局面。我国早已深度融入经济全球化和国际分工体系，即便是扩大内需，也离不开国际产业链、供应链的协同配合，产业技术进步也离不开参与国际合作和竞争，封闭起来只会脱离世界主流，并拉大与国际先进水平的差距。推动高水平对外开放可以通过更深层次的"引进来"和更高水平的"走出去"，增强对全球商品、要素以及产业链、供应链的吸引力和主导力，倒逼国内生产要素市场化改革，不断壮大既有的超大规模市场优势，畅通国内大循环，为国内循环注入新动能。我国推动高水平对外开放，不仅有利于增强对世界经济增长的带动作用，推动世界经济复苏，还有助于加强维护经济全球化的力量，抵制、对冲贸易投资保护主义，为国际循环稳定发展注入重要力量。一方面，我国利用超大规模国内市场的优势，吸引更多企业"走进来"，促进国际合作，实现互利共赢；另一方面，通过实施更大范围、更宽领域、更深层次对外开放，推动更多企业"走出去"参与国际竞争，为国内国际双循环联动发展开辟道路。

在新发展阶段，通过建设更高水平开放型经济新体制、推动高质量发展和积极参与全球经济治理等措施，推进高水平对外发展，构建新发展格局。具体包括以下三个方面。

一是建设更高水平开放型经济。推动外贸国际市场布局、国内区域布局、商品结构、经营主体、贸易方式"五个优化"，加快转型升级基地、贸易促进平台、国际营销服务网络"三项建设"，打造中国商品、中国服务品牌，打造贸易强国；

完善自由贸易试验区布局，赋予其更大改革自主权，推动贸易和投资自由化、便利化，推进贸易创新发展，增强对外贸易综合竞争力；打造国际一流的营商环境，打造中国投资品牌，树立中国投资形象，实现更高水平的"走出去"和更高质量的"引进来"。

二是推动高质量发展。"万物得其本者生，百事得其道者成。"共建"一带一路"，要顺应经济全球化的历史潮流，顺应全球治理体系变革的时代要求，顺应各国人民过上更好日子的强烈愿望。始终秉持绿色、开放、廉洁理念，共同开发、共同建设、共同发展，互联互通，构筑互利共赢合作体系。

三是积极参与全球经济治理。坚持平等协商、互利共赢的原则，本着造福人类的理念，积极参与全球经济治理，推动世界经济发展和建设，完善更加公正合理的全球经济治理体系。

第二节　创新创业新思维

一、创新

（一）创新的概念

创新是指人们为了发展的需要，运用已知的信息，不断突破常规，发现或产生某种新颖的、独特的、有社会价值或个人价值的新事物、新思想的活动。它有三层含义，一是更新、二是创造新的事物、三是改变现状，就是对原有的东西进行改造、改革和改进。

从人类社会的发展过程来看，创新是人类特有的认识能力和实践能力，是人类主观能动性的高级表现形式，是推动民族进步和社会发展的不竭动力。在我国，"创新"一词出现的频率很高，一个民族要想走在时代前列，就不能没有思维创新，一刻也不能停止理论创新。在我们社会发展的现阶段，"创新"一词还包含了改革的意思。改革被视为经济发展的主要推动力，广泛运用于商业、技术、社会学以及建筑学这些领域的研究中，有着举足轻重的分量。

（二）创新的特点

一是普遍性。创新存在于一切领域，在任何地方都可以创新。

二是永恒性。创新是人的本能，受人类自我实现本能的支配。只要有人类，就有创新，创新永远不会终止。

三是艰巨性。创新是相对于他人的首创行为，必定是超前的，可以难以得到他人的理解和支持，甚至要承受质疑、反对等相当大的压力或身处艰难的创新环境。创新本身是做前人或他人没有做过的事，取得成效的过程、方法和技术等都需要探索，因此带有不确定性和技术上的难度。

四是社会性。创新最终要形成成果才能贡献社会。创新的实现是在社会中完成的，具有社会性。现代社会分工细化，所以创新不可能靠单打独斗来完成。

二、创新思维

创新思维是创新能力的基础和前提。要想提高创新能力，关键是打造创新思维。创新思维作为一种富有开创意义的思维活动，是人类大脑的一种思维方式，是人们在准确把握科学规律的基础上，通过打破常规思维习惯，挖掘新思路，用新颖独特的方法从多个角度解决问题的思维方式。

创新思维可以分为广义和狭义两种。广义的创新思维是人们在提出和解决问题的过程中有助于创新的所有思维活动。创新思维不仅包括人们在思维活动过程中直接提出所有新解决方案的思维方式，还包括人们间接地参与创新的思维方式。狭义的创新思维严格地说是一种具有开创意义的创新思维过程，这意味着人们更加关注创新活动中创新成果的直接形成，如灵感、洞察力、直觉和其他非逻辑思维形式。

三、创业

（一）创业的概念

广义的创业是指社会生活各个领域里的人们为开创新的事业所从事的社会实践活动。广义的创业突出强调的是，主体在能动性的社会实践中所体现的一种特定的精神、能力和行为方式。

在狭义的创业概念中,创业是一个经济学的范畴,是指主体以创造价值和就业机会为目的,通过组建一定的企业组织形式,为社会提供产品服务的经济活动。

(二)创业的要素

由创业活动的过程可以提炼出创业的要素,包括创业者、商业机会、技术、资源、组织、产品与服务等几个方面,如图1-1所示。

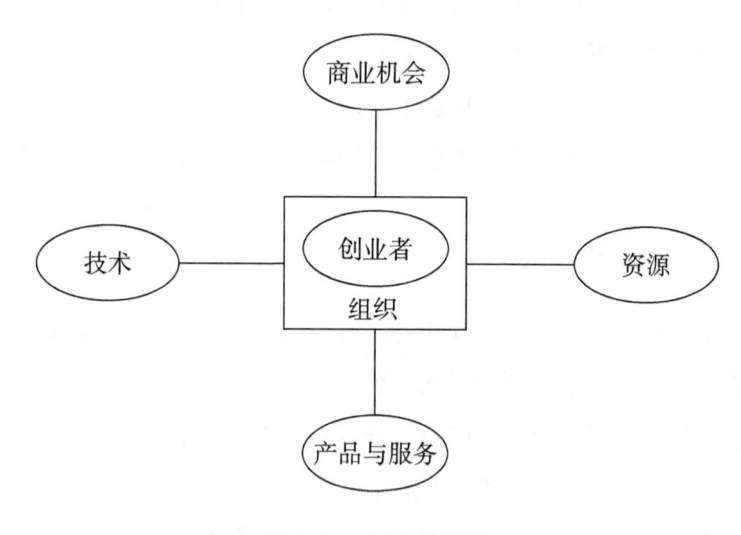

图1-1 创业的要素

1. 创业者

创业者是创业活动的灵魂。创业者创建组织,并在创业过程中起着关键引领、实施创业活动的作用,是创业活动的第一要素。

2. 商业机会

创业者往往从发现和识别商业机会开始创业。具体包括机会识别、可行性分析、产品分析以及开发有效的商业模式等。创业过程就是围绕着商业机会进行识别、开发、创造价值的过程。

3. 技术

技术进步经常与经济、社会变化相结合,共同创造市场机会。技术之所以能成为一定产品或服务的重要基础,是因为它能够满足人们某些基本的或变化的需求。产品与服务中的技术含量及其所占比例，构成了企业的核心竞争力，对企业有着重要的影响。

4. 资源

企业是资源的集合体。创业资源是指创办和运营企业的各种生产要素与支持条件。资源包括各种人、财、物，不仅指厂房、设备等有形资产，也包括知识产权、品牌等无形资产。

5. 组织

创业者建立组织，并将其作为创业活动的载体。组织的效能影响着创业目标的实现，主要体现在能力、效率、质量和效益四个方面。而组织的特征往往表现在创业者的领导和组织建设等方面。

6. 产品与服务

产品与服务是创业活动的结果，体现了创业者为社会创造的价值。产品与服务创造的价值越大、在市场上越受欢迎，创业活动的效益就越大。

总结可知，各创业要素的关系如下。

第一，创业者是创业活动的组织者，是创业组织的建造者，是产品与服务的缔造者，是创业活动的灵魂。

第二，商业机会是创业活动的重要驱动力，技术和资源是创业活动的必要保证，组织是创业活动的载体，产品与服务是创业活动的结果和价值所在。

第三，创业是具有创新创业精神的创业者、商业机会、组织与技术、资源等要素相互作用，以及产出产品与服务、创造社会价值的动态过程。

四、创新与创业的关系

（一）创新与创业本质的一致性

虽然创新与创业是两个不同的概念，但是这两个范畴存在本质上的一致性：内涵上的相互包容和实践过程中的互动发展。首次提出创新概念的经济学家熊彼特认为，创新是生产要素和生产条件的一种从未有过的新组合，这种新组合能够使原来的成本曲线不断更新，由此会产生超额利润或潜在的超额利润。创新活动的这些本质内涵，体现了它与创业活动性质上的一致性和关联性。创新是创业的基础，而创业推动着创新。

创业和创新在本质上具有一致性，即都具有"开创"的性质，只不过，创新一般多指理论、思维方面的创造活动，是整个创造活动的第一阶段；创业是实际活动中的创造，是创新思维、理论和技法的应用与现实体现，属于创造活动的第二阶段，也是创新的终极体现。

总体上说，科学技术、思想观念的创新促进了人们物质生产和生活方式的变革，引发了新的生产和生活方式，进而为整个社会不断地提供新的消费需求，这是创业活动源源不断的根本动因；另外，创业在本质上是一种创新性实践活动。无论是何种性质、类型的创业活动，它们都有一个共同的特征，即都是一种能动的、开创性的实践活动，是一种高度的自主行为。在创业实践的过程中，主体的主观能动性将会得到充分的发挥，这种主观能动性充分体现了创业的创新性特征。

（二）创新与创业的关联性

首先，创新是指理论、方法或技术等某一方面的发现、发明、改进或新组合。创业是一种思考、推理和行动的方法，在于把握机会，创造性地整合资源，从而创办新的企业或开辟新的事业。将创新的思想或成果用于产业或事业中，开创新的领域或新的局面，这就是创业。

其次，创新重视的是所得到的结果，而创业不仅重视可能得到的结果，还重视其结果实现的条件。

最后，创业比创新更加关心结果的可实现性以及可能带来的经济效益。由此可见，创业是在创新的基础上将创新的思想或成果转化为现实生产力的一种社会活动。也就是说，创业是具有创新精神的个体与有价值的商业机会的结合，是开创新事业的活动，其本质在于把握机会，创造性地整合资源。创业的本质是创新，是变革。

人类社会不断发展，科技不断进步，社会分工越来越细，这是发展的必然。分工越细，产生的行业就越多，专业化的岗位也会更多，这就需要人们不断利用创新精神提升创业能力来跟上时代的步伐。

（三）创新与创业的相互作用

创新是创业的本质与源泉。熊彼特曾提出："创业包括创新和未曾尝试过的技术。"创业者只有在创业的过程中保持持续不断的创新思维和创新意识，才可能产生新的富有创意的想法和方案，才可能不断寻求新的模式、新的思路，最终获得创业的成功。

创新的价值在于助推创业。从一定程度上讲，创业者的价值就在于将潜在的知识、技术和市场机会转变为现实生产力，实现社会财富的增长，造福人类社会。而实现这种转化的根本途径就是创业。创业者可能不是创新者或是发明家，但必须具有能发现潜在商机的能力和敢于冒险的精神；创新者也并不一定是创业者或是企业家，但是创新的成果则是经由创业者推向市场的。使潜在的价值市场化，创新成果才能转化为现实生产力。这也从侧面体现了创新与创业的相互关联性。

创业推动并深化创新。创业可以推动新发明、新产品或是新服务的不断涌现，创造新的市场需求，从而进一步推动和深化各方面的创新，因而也就提高了企业或是整个国家的创新能力，推动了经济的增长。

由于创新与创业关系密切，高校的创新创业教育应该相互渗透融合，弘扬创新创业精神，健全创新创业机制，完善创新与创业的环境，加强产、学、研结合，并不断地在实践中结合，从而推动社会的可持续发展。

五、大学生创新创业思维的培养

（一）培养大学生创新创业思维的必要性

1. 培养学生的创造力

培养学生创新创业思维并不只是一味地引导学生最终走向创业的道路，创新创业教育的实质在于培养学生的创造力。当代大学生积极参与相关部门和单位组织的各种大学生技能大赛，是提升学生创新创业能力的有效途径。通过参加相关赛事，可以培养学生自我认识和独立思考的习惯，引导学生养成创新性思维模式，培养学生创新创业精神和意识，挖掘他们的潜力，提升在校学生自主学习能力、实践创造能力。除了相关赛事，学生还可以通过参与学校的科研实践和导师的项目，提升实践能力，培养创新意识，激发学生探索创造的欲望，提升学生分析问题、解决问题的能力，增强自身的创造力和进入社会后的竞争力。

2. 实现校园创新创业融合的目标

我国高校肩负着培养建设国家人才的使命，创新创业教育是时代发展对高校提出的要求。创新创业教育在校园内的融合本身推动了多数学生的参与，同时也为创新者未来创业奠定基础。高校培养学生的创新创业精神，本身也可以让将来择业的学生创造岗位，为他人提供就业的可能。创新创业融合是高校教育改革的必经之路，越早着手行动，主动权越大，也能更快地实现跨学科和专业的合作，满足企业的需求，培养出复合型的人才。

3. 适应社会发展需求

新时代的高校，需要立足于时代的需求，勇于担负培养和提升大学生创新创业能力的使命。高校培养具有创新创业能力的人才也符合国家发展的需要和实现科技强国的目标。创新创业教育能够帮助在校大学生更好地适应社会的发展和用人单位的需求，增加学生就业率；发挥高校学生的创造力，通过创业带动就业，缓解社会整体就业压力，推动社会进步，为社会创造价值。

（二）当代大学生创新创业思维的培养模式

1. 学生个性化

创新创业教育不是为了让学生朝着一个固定的方向发展。不同的学生有着不同的性格、不同的思想，他们对创新创业有着不一样的认识，因此要因材施教对学生进行教育管理，对学生进行创新人格的培养、个性发展的促进和思维方式的引导。同时也要兼顾不同学生参与的创新创业经历和经验，在进行创业教育的工作中，根据不同学生的长处，将其放在合适的位置上。创业团队对每位学生的要求不同，例如，企业创始人需要有独特的识人能力、统筹全局的管理观念，而营销人员需要优秀的口才和较好的应变能力等。所以只要是想参与创新创业的大学生，在经过一定适应性的训练之后，在创业团队中都会有自己的用武之地。

2. 思维引导化

开展丰富多彩的创新创业思维教育主题活动，引导学生的创新创业思维。现代教育强调教育教学过程是以点拨、启发、引导、开发和训练学生的创造力才能为基本目标的一个高度创造性的过程。传授创新创业知识是一个比较漫长的过程，并不是一次性地把知识强行"灌"给学生，这样非但达不到效果，也不符合创新创业教育的本质要求。在进行创新创业教育的同时，应该更加注重学生的想法和创意，开发他们的创新思维，对他们进行引导式教学。在创业的过程中，如果学生无法自主思考，而是一味地寻求导师的引导和帮助，那整个创业过程就失去了意义，学生没有得到锻炼，长此以往，学生创业形同虚设。

3. 专业背景化

创新创业教育应当是专业教学与创新创业教育的有机结合，是在学生充分掌握专业知识的基础上，重视学生的创新创业精神和思维的培养，将专业知识与实际生产相结合，通过创新创业思维将基础知识转化为实际生产力。参与创新创业的学生来自各个专业，要根据学生的专业背景开展相关的创新创业教育活动和讲座，从学生的专业背景和研究方向出发寻找新的创意，这样不仅可以达到教育的预期效果，还可以激发学生对项目的兴趣和认同。通过与专业知识相结合造就出来的创业项目对学生的发展也是有益处的，相当于学生一边学习相关知识，一边进行实践，提升了学生的专业兴趣和实践能力。而如果对每位学生都采用统一的培训方式，可能就会导致学生大幅度跨学科专业做项目，完全脱离原有的专业背景，在陌生的创业项目、陌生的创业领域进行创新创业教育，这样的教育教学只能是事倍功半。

4. 课堂定制化

高校应采取课堂教学与实践教学相结合的方式，建立互联网创新创业思维培养体系。在互联网时代，仅仅采用传统的线下教学并不能达到很好的效果。学生在进行专业知识的学习之后，可以在互联网上再进行相关资料的查找和学习，这样既能够自己发现一些新的问题，也能和其他同学进行讨论，从而进一步完善课堂教学效果。创新创业教育和专业基础课也存在很大的不同，创新创业教学最好是理论和实践相结合，让学生在学习理论知识之后立刻投身各个创新创业项目的实践中，切实体会自己在这个项目中应该做些什么以及具体怎么做，在锻炼中成长。

5. 创设众创空间

要增强学生对"互联网+"模式下的创新创业形式的认知，逐步提高学生对创新创业的兴趣和爱好，让学生不断萌发创新创业意识。有些创业项目的失败并不是真正意义上的失败，而可能是学生在萌生想法和创意之后发现没有办法去实施，也无法找到相关领域的专家进行求助，这是十分可惜的。由此，在高校的创新创业工作中，相关领导和专家一定要考虑全面，从学生有想法并希望创业、开始撰写商业计划书，到真正创立公司、开始运营公司的每一个步骤都应考虑到，为学生提供全面的服务，帮助、引导学生创业。其中，创设众创空间是一个十分关键的环节，让有一定实施可能性的项目入驻众创空间，辅以相关的创业专家进行一对一指导，从而有效提升学生的创业成功率。

6. 校企联动机制

现代教育发展理念要求学生不仅要掌握较为牢靠的基础知识，而且要有一定的动手实践能力。校企合作就是一种很好的方式。校企合作本身就是为学校的创新创业教育搭建平台。通过校企联手，引进企业专家代课讲授创新创业思维相关课程，他们凭着丰富的创业经验、较强的创新创业意识，在讲授的过程中可以大大提高人才培养质量，培养创新创业人才。

第二章 高校大学生就业能力研究

第一节 关于就业能力的研究

早在20世纪初,英国就出现了"就业能力"的概念,当时主要是针对具有劳动能力的找工作的劳动者而言的,其内涵主要是指劳动者的可雇佣性。当时的文献主要集中于研究如何解决一般失业者的再就业问题,还未涉及大学生的就业问题,其研究目的是分析普通就业者获得和保持工作的能力。随着社会、经济的不断发展和知识经济时代的到来,劳动力市场特征不断变化,一般劳动者、高校毕业生的就业环境也在不断发生变化。就业能力的内涵、就业能力的主体等研究视角是随着时间的推移而变迁的。从就业能力主体、就业能力影响因素等方面来看,从20世纪初提出"就业能力"这一概念至今,其研究发展历程大致可以划分为以下三个阶段。

第一个阶段是20世纪初至20世纪70年代。这一阶段以关注普通劳动者这一"个体"层面的就业能力为主,就业能力被定义为个体潜在的能够被雇佣的能力。此时的部分文献集中于研究失业者个体如何重新获得工作的能力,强调宏观政策的作用。这些问题主要关注劳动者的"就业态度"和"自我形象"等,强调政府可以通过干预政策来解决失业者的就业问题。这一时期有关就业能力的研究致力于政府如何通过政策来实现失业者的再就业,但也已出现了关于增加劳动者就业能力来解决失业的相关研究。

第二个阶段是20世纪80年代至90年代。这期间对就业能力的研究视角转移至"组织"层面，主要是研究如公司、企业等组织如何将就业能力作为人力资源管理的一种工具。此阶段对于就业能力的研究涉及影响工作绩效的综合知识、技能和态度等方面。就业能力问题成为人力资源管理方面的研究热点之一，研究者将就业能力作为一种人力资源管理的工具，认为它也是制定人力资源政策的重要参考因素之一。

第三个阶段是20世纪90年代至今。此阶段的国内外文献对就业能力的研究演变为一种综合视角。这一阶段的研究，从研究范围来看，可分为三类（见图2-1）：一是从国家层次或产业层次研究劳动力的形成，主要是分析政府政策或国家层次的能力培训，或者基于产业层面进行研究，这类研究主要源于20世纪末经济发展的转型升级造成的工作与就业性质的变动；二是将就业能力置于人力资源管理层次进行研究，将就业能力视为雇主通过提升员工的个人技能和适应性来提升员工保持工作的能力；三是个体层次的就业能力研究，在这一层次，"个体"的范围有所扩大，不只是关注失业者和低技能者，而是涉及所有的劳动者，包括高校毕业生。在这一阶段，学者还将劳动力市场的情境、劳动力市场的知识和公司的政策等许多内容纳入就业能力的影响因素中。此外，从20世纪90年代末开始，高校毕业生的就业能力就成为热点研究领域之一。研究者关注接受正规教育的个人的就业能力，尤其是接受高等教育的大学生的就业能力，此类研究着重于大学如何通过课程设计、实习环节的设计等来增强大学生的就业能力，包括从政府的视角加以研究，提出政府应该制定并实施怎样的就业政策来促进大学生就业，对高校的大学生就业能力培养提供资金政策支持等。

图2-1 就业能力研究的类别及关系

从上述研究的变迁历程来看，大学生就业能力的研究从20世纪90年代开始已经成为就业能力研究的重点领域之一，下面也将围绕这部分内容展开分析。

第二节　大学生就业能力的内涵与构成要素

一、就业能力内涵与大学生就业能力内涵的文献研究

（一）就业能力内涵的文献研究

国内外学者对就业能力的内涵尚没有统一的界定，曾用"通用能力""转移能力""关键能力"等来表述个体的就业能力。在国内，"employability"一词还被翻译为"可雇佣能力""可就业能力"，但大多数学者还是将其翻译成"就业能力"。国内外文献对就业能力内涵的界定，有从个体相关能力的角度来界定，也有从就业结果影响因素的角度来界定。但从现有文献的研究趋势来看，就业能力已经逐步确定为个人获得并保持工作机会的综合能力。

对就业能力概念的相关文献进行总结可以发现，将个人就业能力定义为与个人属性相关的综合能力和素质的集合是国际组织和学术界的共识。国际劳工组织（International Labour Organization，ILO）将就业能力定义为劳动者获得和保持职业机会，并在职业发展中取得提升以及应对职业变化的能力；英国教育与就业部的定义与国际劳工组织的定义类似，也强调就业能力是劳动者获得和保持工作的能力。

在相关研究中，Hillage等认为，就业能力是劳动者通过获得持续就业实现个人潜能的一种能力，并从职业认同的角度指出就业能力是个体获得、保持和胜任某项工作的能力，具体包含人际交往能力和决策能力。Rothwell等也认为，就业能力是获得和保持自己理想职业的能力。Grip通过对现代就业能力概念形成历史的回顾，将就业能力界定为劳动者个人为了获取劳动力市场认可的能力，这种能力能够使个人积极应对外界工作环境和任务的变化，且这种能力受到各种制度和机构所提供给个人的人力资源发展工具的影响。Thijssen等提出了一个综合的就

业能力概念，他们指出就业能力的定义存在层级化，分成三个层级水平：核心的定义、广义的定义和泛化的定义。其中，核心的定义将就业能力界定为就业者个体成功获取和从事职业的能力，即仅包含劳动者的能力和动机，而不包含影响劳动者是否能成功从事某项职业的其他因素。广义的定义在核心的定义的基础上有所扩展，它从强调个人取得职业成功的能力和动机两个因素扩展到所有个体特征，如态度、品质等。泛化的定义则将个人因素之外的其他各种相关因素也包含进来，如教育条件等。本书在此倾向于采用广义的就业能力定义，即认同就业能力是劳动者获取和成功从事职业的能力、动机和个体特征的综合。

（二）大学生就业能力内涵的文献研究

学者 Harvey 指出，大学生就业能力通常没有一个一致认可的定义，不同研究者会有不同的研究角度，进而得出不同的内涵或定义，但不管是什么定义都是指学生获得工作的一种倾向。有研究者认为，大学生就业能力是个人能力，是大学生能够获得职业以及取得职业发展的一系列能力的集合，是能够提升其未来职业生涯发展水平的一种综合能力，包括一系列技能、知识和人格特征。大部分的研究都涉及职业类型、就业时间、招聘特征（如方式、途径等）、进一步的学习和就业技巧（如面试技巧）等五个方面。

国内学者在界定大学生就业能力时，以研究大学生就业能力的内涵、构成为主，对大学生就业能力的形成和开发机制的研究较少。大部分的学者都认同大学生就业能力是指大学生发现、获得和保持工作的能力，该能力与其自身的综合素质密切相关。例如，郑晓明认为，大学生就业能力是指高校毕业生在校期间通过知识的学习和综合素质的开发而获得的能够实现就业理想、满足社会需求、在社会生活中实现自身价值的"本领"。陈薇静将大学生就业能力分解为特殊就业能力与基本就业能力，指出就业能力是一种使学生获得工作的能力，也是增加高校毕业生获得职业机会的可能性，或毕业生接近满意度较高、竞争性的职业机会的能力。向从武也认为，大学生就业能力是一种综合能力，这一综合能力具有主体性、发展性和综合性；同时，就业能力还应该是一种发展的能力。谢志远认为，大学生的就业能力是保持工作以及获得晋升可能的能力。

国内也有学者在界定大学生就业能力时强调大学生对外部环境的适应能力。

例如，陶爱祥从大学生如何与职业环境相适应的角度出发，将大学生就业能力定义为大学生获取与其期望相符的职业并适应职业需求进而胜任所选职业的能力。赵颂平等认为，就业能力是适应职业的素质群的集合，这些素质能够促进个人获得理想职业，适应职业需求。刘学林也提出了类似的观点，将大学生就业能力界定为适应职业需求的能力，并且指出就业能力还应包含自主创业的能力。

从上述国内外研究者对就业能力的定义中可以看出，大学生就业能力不仅是指获得工作的能力，还包括保持工作的能力以及在工作中进一步发展的能力。高等教育中以培养应用型人才为目标的高等学校，其人才培养目标就是让培养出来的人才能够适应社会的需求，能够使其获得适切的职业。高校是大学生获取未来职业能力的重要场所之一，这要求高校必须清醒地认识这一点，加强大学生职业相关能力的培养，提升大学生未来的职业素养、职业相关的知识水平等，即必须开发大学生的就业能力。

由于大学生在未来的工作岗位中仍将继续学习，而且未来工作环境有较大的不确定性，因此基于上述定义和论述，结合现有中国高等教育发展的现状，本书将大学生就业能力的研究聚焦于高校毕业生获得初次就业时所应具备的就业能力。

二、大学生就业能力内涵的辨析与界定

在研究大学生就业能力的内涵是什么、大学生就业能力的影响因素是什么、大学生就业能力如何形成等问题前，首先需要明确本书的研究对象——大学生是哪一个群体，以及大学生就业能力的基本概念。

综合而言，大学生是社会的一个特殊群体，是接受过高等教育的人，是社会新技术、新思想的前沿群体，是国家培养的高级专门人才。一些文献在研究的过程中也将大学生的外延从广义的角度来进行界定，认为大学生包括在高等学校读书的所有大专、本科、硕士、博士学生。上述接受不同层次高等教育的学生都存在进入职业生涯、完成就业的问题，他们的差异只是从事不同的职业而已。但在开展研究时我们必须清晰地认识到：这些接受不同层次高等教育的学生，其就业能力的培养目标、培养模式等都存在着较大的差异。

（一）大学生就业能力内涵的辨析

在理解"大学生就业能力"一词时，我们需要辨析它与几个含义相近的词语之间的相同点与不同点。

"就业能力"一词来源于英文"employability"，但由于中国学者对这一单词的翻译和理解存在差异，因此在翻译成中文的过程中存在着不同的表达。如有的学者将该词翻译成"可雇佣能力"，有的学者翻译成"就业力"，也有学者翻译成"可就业能力"，等等。首先，将其翻译成"可雇佣能力"的学者认为，"employability"派生于"雇佣"（employ）一词，其含义应是"可雇佣性"。但也有学者认为"可雇佣性"强调劳动者在劳动力市场中的可利用性，容易使人在理解该概念时忽略劳动者主动积极地获取职业和发展职业的情况，而我国大学生在创业时会受到政府和高校的高度重视，大学生本身也积极创业，为此，将该词定位成"大学生就业能力"更为妥当。

其次，有的学者认为"employability"应该理解为"就业力"。"就业力"更加强调获得就业的结果。而从以往的文献中看，影响就业结果的因素非常多，包括宏观经济因素、劳动力市场政策等，上述因素都是高校无法直接影响的。与选择职业、发展职业相关的大学生的个人能力，也是影响就业结果的重要因素。因此，若研究侧重于分析大学生获得职业与在职业生涯中发展职业相关的个人能力时，将其定位为"大学生就业能力"一词更为妥当。

（二）大学生就业能力内涵的界定

大学生就业能力首先是一种个人能力，是影响高校毕业生获得职业机会可能性的一种能力。要界定大学生就业能力的内涵，首先要明确什么是能力。关于能力的界定，不同的视角有不同的解读，主要有心理学视角的能力概念、经济学视角的能力概念、管理学视角的能力概念、教育学视角的能力概念等，这些能力的定义有其共同性，本书主要采用最常用的心理学和管理学视角下的能力概念。心理学和管理学将能力界定为知识、技能和态度的整合，并且是与特定的职业岗位需求或职业角色相联系的，是劳动者在完成职业岗位任务时表现出来的。在实践中，知识、技能和态度整合的能力定义最具有借鉴作用，与人才培养的范畴有一定的重合度。就业能力不仅是与企业需求相符合的一种可雇佣能力或匹配能力，还是一种积极主动地寻找职业机会或创造职业机会的能力。高校从教学目标出发，使学生能够能动地适应社会的需求。从高校在社会经济发展历程中的作用看，高校不仅要适应产业界对人才的需求，还应引领社会对人才的需求。引领社会对人才的需求体现为高校积极培养大学生的职业规划能力和创业能力，即主动创造就业机会的能力。

现有的大量研究用应届毕业生获得职业的时间、初职起薪等就业结果的指标来衡量大学生就业能力。但就业结果还受到外部环境因素的影响，如劳动力市场因素、宏观经济发展水平和就业支持政策等。因此，现有对大学生就业能力的研究，逐步从客观的就业结果视角转向主观的个人能力视角。主观的个人能力视角的大部分研究都认为，大学生就业能力是高校毕业生能够获得就业机会以及在工作岗位取得成功的一系列能力的集合，这一能力能够使毕业生满足雇主的需求和适应劳动力市场的变化，是能够提升大学生未来职业生涯发展水平的一种综合能力。

刚毕业的大学生与成熟的求职者之间存在较大差异，他们对职业的认知较少，对职业环境、劳动力市场还没有太多直接经验，他们对自己取得就业可能性的总体知觉主观性较大，因而仅从就业结果的角度去定义和研究会变得片面；而且高校毕业生的就业结果除受到大学生就业能力的影响外，还受到其他外部因素的影响。基于上述分析，本书将大学生就业能力界定为高校毕业生感知到的能够促进他们增加获得职业机会的可能性，主动地与他人有效合作、解决问题、批判性思考、自我管理和善于展示自我的能力，也是高校毕业生对工作岗位的一种胜任力。

三、大学生就业能力的构成要素

大学生就业能力构成要素的确定与就业能力的定义是密切相关的，不同就业能力的界定，会有相应的不同的就业能力构成要素。因此，与以个人特质为基础的就业能力和整合的就业能力定义对应，可以将就业能力构成的研究文献大致分为两类，即基于个人能力视角的大学生就业能力构成和基于就业结果视角的大学生就业能力构成。

（一）基于个人能力视角的大学生就业能力构成要素

基于个人能力相关的定义，一些文献基于个人能力、动机、特征因素的角度提出了大学生就业能力构成要素。这类研究认为，大学生就业能力的构成要素仅包含个人的技能和品质。同时也有研究认为，大学生就业能力构成要素具体包括个人的基本社会属性、个人的态度、基本沟通技能、团队合作的技能。此类研究多聚焦于高校毕业生的个人技能，强调获得职位和取得职业发展的软技能。

对就业能力构成要素的界定，有些国家的研究组织所做的研究较为充分。美国培训与发展协会（American Society for Training and Development，ASTD）对就业能力的能力结构及其构成要素进行了深入的分析，将就业能力结构界定为基本能力、沟通能力、问题解决能力、团队合作能力、领导能力等五个方面。美国劳工部的就业技能调查委员会（Secretary's Commission on Achieving Necessary Skills，SCANS）1991年发表的调查报告从职业对就业者的能力要求角度对就业能力的构成进行了总结和归纳。调查报告指出，适应职业需求的就业能力结构应包含能力基础、思维基础和素质基础三大基础。其中，能力基础包括五大能力，即统筹资源的能力、人际交往的能力、信息获取和利用的能力、系统思考和解决问题的能力、利用信息技术的能力。英国的高等教育质量委员会（Higher Education Quality Committee，HEQC）将大学生就业能力的构成界定为包括创造性的思维能力、解决问题的基本能力、沟通能力、与他人合作的能力、执行能力、跨学科的意识。澳大利亚工商总会（Australian Chamber of Commerce and Industry，ACCI）和商业理事会（Business Council of Australia，BCA）进行了合作研究，从对产业界的职业能力需求调查出发，提出了大学生就业能力的构成维度，认为就业能力应该包含沟通能力、团队合作能力、问题解决能力、领导能力、自我管理能力、持续学习能力、使用信息技术的能力，该结果与美国和英国的研究组织提出的结论类似，并认为就业能力应该包含创业能力。

不少学者也从个人能力和特质的角度进行就业能力结构的界定，大部分学者都认同就业能力应该是一个适应各种职业的基础能力，所以就业能力结构应与职业岗位的需求相符，大学生就业能力应包含专业能力、职业规划能力、组织和管理信息的能力、解决问题的能力、个人管理的能力、组织能力、团队工作的能力、谈判能力、理解系统的能力；除此之外，就业能力还应该包含运用以上各种能力的能力。Fallows 等将就业能力的构成界定为信息能力、沟通能力、问题解决能力、社会关系开发能力等四个方面。Yorke 等借助能力结构理论，首先将就业能力结构分为个人特质、核心技能和过程技能三个方面，在此基础上进一步细分，将个人特质细分为情商、适应力、自信心、学习的意愿和环境反应能力等，将核心技能细分为基本的计算能力、倾听技能、沟通技能、自我管理能力等基础的通用能力，将过程技能细分为应用学科知识的理解力（即运用所学专业知识的能力）、使用计算机的技能、团队工作能力、谈判能力等。

其他学者对能力构成的研究与上述学者的研究结果类似，都将大学生就业能力的构成界定为相关的知识、技能和个人态度，只是这些一级构成维度下的细分指标存在一定的差异。例如，Mitchell 提出的就业能力结构的细分指标包括智力能力、社会和人际交往能力、创业能力、运用新技术的能力。又如，瑞士联邦大学高等教育中心的研究小组在进行大规模的高校毕业生调查后，将大学生就业能力的构成细分为获取职业的动机、个人素质、专业知识、处理人际关系的技能、有效的工作方法、全球视野等。比较受到关注的研究还有英国学者 Pool 等对就业能力结构的研究，他们对能力结构的关键因素进行研究后，指出就业能力的构成应该包含职业相关的专业知识、实习经历、学历、一般通用能力（包括逻辑推理能力、团队合作能力、忍耐力、沟通能力等）和情商。他们指出上述能力最终表现为自信心、自尊和自我有效的管理。Fugate 等在对就业能力构成的研究中提出就业能力由职业生涯的识别、个体适应性、社会人际资本构成。其中，职业生涯的识别是指对个人职业期望的确定。个体适应性是指个体适应不断发展变化的职业环境的能力。社会人际资本是指个体展现个人能力的能力。

国内学者对就业能力构成的研究也是基于对大学生群体的研究展开的，他们将就业能力细分为各种基础能力，包含专业能力、学习能力、实践能力、职业环境的适应能力等。只是在界定具体的能力时，不同的学者使用了不同的能力名称。例如，郑晓明将就业能力细分为专业能力、学习能力、解决问题的执行能力、实践能力、应聘技能和职业环境的适应能力等多方面的能力。鲁畅将大学生就业能力的构成界定为专业能力、自学能力、实践能力和竞争能力等方面。也有学者对大学生就业能力构成的界定是分层次进行的，他们将就业能力分解为基础性能力、专业性能力和差异性能力三个一级维度，然后再将上述一级维度进行细分。例如，马小辉首先将就业能力的构成界定为基础技能、个体管理技能和团队工作技能三个层面，然后将基础技能细分为沟通能力、信息管理能力、数理运算能力、思考和解决问题的能力等，将个体管理技能进一步界定为个人的态度和行为，如责任感、适应性等方面。这些国内学者都认同就业能力的构成应该包含应聘技能、胜任职业的通用能力。

国内也有不少研究者从实证定量分析的角度对就业能力的结构进行了研究，这些文献主要是通过对高校毕业生进行调查和数据收集，采用主成分分析法，提取因子最后得出就业能力结构模型的。曾湘泉通过对雇主单位的问卷调查，收集了雇主对高校毕业生的能力要求的数据，得出了如下结论：雇主在就业能力各构成要素中最注重的是高校毕业生的专业知识和技能，随后是毕业生的敬业精神、持续学习的意愿、毕业生的沟通协调能力以及毕业生解决问题的能力。李颖等也对应届高校毕业生进行了大规模的问卷调查，对调查数据进行因子分析后发现大学生就业能力包含个人素质、处理问题的能力、社交领导能力等三个方面。还有一些学者虽然都采用了问卷调查和定量分析法，但得出了一些不同的结论。王苑通过因子分析将大学生就业能力的构成确定为认知能力、个体可靠性、沟通合作、自我意识四个方面。重庆大学的肖云等将大学生就业能力的维度确定为基础实践能力、知识拓展能力、创新能力三个方面，并进一步指出了三个维度下的各具体指标。杨晓楠认为，大学生就业能力可以分为人际沟通能力、适应职业环境的能力、自我发展能力、团队合作能力、情商和自主学习能力。

综上所述，不管是国内学者还是国外学者，对大学生就业能力构成要素的研究存在共同的结论，只是在对具体要素的归类和命名方面存在差异。

（二）基于就业结果视角的大学生就业能力构成要素

正如前文所述，也有学者从就业结果的视角去解读就业能力。一些学者认为就业能力构成要素是多维度的，应该包括内生维度和外生维度。内生维度包括个人与工作相关的知识与技能、持续学习的能力等，外生维度包括就业市场的状况、劳动力市场政策等。这类文献的研究认为，就业能力应该包含影响就业结果的各种要素，如个体因素、个人家庭背景和外部因素，其实质是将就业能力视为一种就业绩效，即注重就业结果的实现效果。基于此，有些文献对就业能力的内生维度和外生维度进行了细分。内生维度中的个体因素可以进一步细分为个人的就业技能和属性，个人的人口特征、身体条件、职业信息搜索能力及适应性等，个人家庭背景即家庭的社会关系网络、家庭的收入水平等。就业能力中的外生维度包括劳动力市场因素、宏观经济发展水平和就业支持政策等。Hillage 等从就业结果的视角将就业能力的构成要素分解为个人就业资产（含个人特征、关键能力、组织管理等高层能力）、个人就业资产的展示能力、职业规划能力、环境因素（包括劳动力市场因素、个人背景等）等。McQuaid 等通过一系列的文献回顾，也认为就业能力不仅包括个人特质、个人能力，也受到外部其他因素影响，其中最重要的是劳动力市场中的需求和供给因素。Rothwell 等将就业能力的构成等同于就业结果的影响因素，将就业能力分为内部能力和外部能力，其内部能力等同于个人相关能力，外部能力等同于影响就业结果的外部因素。Rothwell 等也提出了就业能力的构成中应该包含外部劳动力市场的状况，此外还有劳动者的个人意识、个人就读的大学、个人所学的专业等，上述因素相互影响决定劳动者的职业发展。

综上所述，从就业结果视角出发研究大学生就业能力的构成要素，其实质是分析影响劳动者就业结果的因素，包括个人能力、家庭背景、宏观政策等。可以将这些研究观点依据与个人能力是否相关，分为就业能力的内生维度和外生维度，这一类文献都对影响就业结果的外部因素如就业政策、劳动力市场的状况进行了分析。

第三节　职业生涯规划的相关理论

一、职业生涯规划的概念和特征

（一）职业生涯规划的概念

一般认为，职业生涯规划是管理学家诺斯威尔（William J. Rothwell）首先提出的。他认为，职业生涯设计就是个人结合自身情况及眼前制约因素，为自己实现职业目标而确定行动方向、行动时间和行动方案。尽管之后其他学者对职业生涯规划的概念有不同的理解，但各种理解上的差异并不能掩盖职业生涯规划在人们观念中的共识。

（二）职业生涯规划的特征

职业生涯规划具有显著的特征，概括来说主要包括如表2-1所示的三个方面。

表2-1 职业生涯规划的特征

特征	具体内容
个性化	每个人的成长环境、文化背景、职业目标、对社会的认知等不尽相同，所以不同人的职业生涯追求不同，规划也不相同。因此，职业生涯规划必须由自己来做，别人无法替代。每个人的职业生涯规划都具有强烈的个性特征，是个性化的发展蓝图，虽有共同的规律，但没有固定的模式，只能由个人根据自己的实际情况制定
时间性	职业生涯规划有一个时间跨度。按照规划时间的长短，个人职业生涯规划可分为短期规划、中期规划、长期规划、人生规划四种类型。人们通常是长短期并举，首先确定人生规划、长期规划，而在操作层面上则把中期规划作为个人职业规划的重点。时间太长的规划因环境和个人自身的变化很难具有持续的可操作性，时间太短的规划意义又不太大，而中期规划既易依据现有条件做，又便于根据规划执行的反馈信息及时调整规划的策略与内容，因而中短期规划更具可操作性
开放性	个人职业生涯规划要置身于社会环境、组织环境和他人的影响之中。因为人是社会动物，一份有效的职业生涯规划必须是在对主客观条件充分审度的基础上，广泛听取他人的意见之后才制定出来的。而且，在这个开放、变化的社会里，有效的个人职业生涯规划必然要经历数次的修正和调整，绝不是一成不变的

二、职业生涯规划的基本理论

（一）入职匹配理论

1. 霍兰德职业兴趣理论

1971年，美国约翰·霍普金斯大学心理学教授约翰·霍兰德（John Holland）提出了职业兴趣理论。其理论体系较为完整，也易于操作。在该理论中，霍兰德将人们的工作环境划分为六种，并将不同的职业归属到其中的一种工作环境之中。这六种环境分别是现实型、研究型、艺术型、社会型、企业型和常规型，如图2-2所示。

霍兰德还将劳动者按个性及择业倾向也大致分为现实型、研究型、艺术型、社会型、企业型和常规型六种类型。我们可以把这些类型作为一种模型来衡量真实的人，一种职业环境能够吸引相应兴趣的人进入这种环境工作。这种职业兴趣包括价值观、兴趣、动机和需要，这些因素也决定了个体的择业倾向。

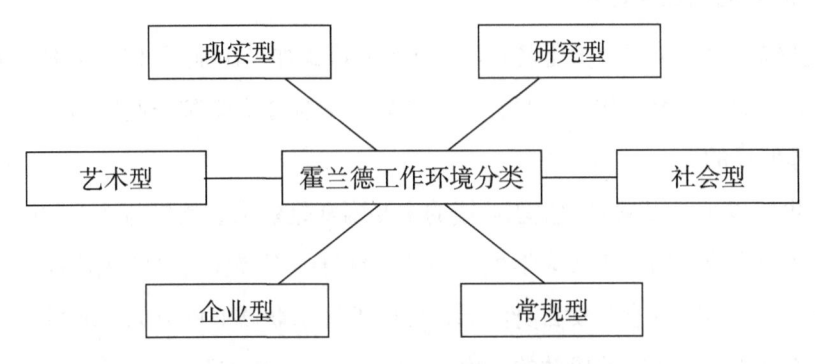

图 2-2 霍兰德工作环境分类

2. 帕森斯的特质—因素理论

帕森斯的特质—因素理论是由美国职业指导专家弗兰克·帕森斯（Frank Parsons）创立的。1908 年，帕森斯在波士顿创办职业指导局，这可以说是职业指导的起点。1909 年，他出版《选择一个职业》一书，第一次系统阐述了科学的职业指导理论，即特质—因素理论。特质就是人的生理、心理特质或总称为人格特质，因素是指客观工作标准对人的要求。根据特质—因素理论，在职业选择过程中，应按照如图 2-3 所示的几个步骤进行。

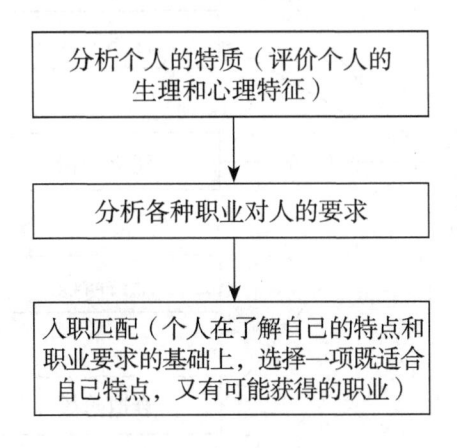

图 2-3 根据特质—因素理论得出的职业选择步骤

（二）职业发展阶段理论

比较具有代表性的职业发展阶段理论是施恩的职业锚理论和舒伯的生涯发展阶段理论。

1. 施恩的职业锚理论

职业锚理论产生于美国著名职业指导专家埃德加·H.施恩（Edgar H. Schein）教授领导的专门研究小组，它是在对麻省理工学院隆商学院毕业生的职业生涯研究中演绎形成的。

21世纪以来，影响大学生职业锚的主要因素是能力、动机与需求、价值观、兴趣爱好和职业性向。当代大学生应当结合自身因素寻找自己的职业锚，尽早做好职业定位，不断探索开发自身潜能，准确把握求职就业的方向，取得与自己能力相称的成就，进而塑造成功的人生。

2. 舒伯的生涯发展阶段理论

1953年，美国著名职业生涯规划大师唐纳德·E.舒伯（Donald E. Super）根据年龄将每个人生阶段与职业发展配合，将职业生涯发展阶段划分为成长、探索、建立、维持和衰退五个阶段，形成"成长—探索—建立—维持—衰退"的循环，如图2-4所示。

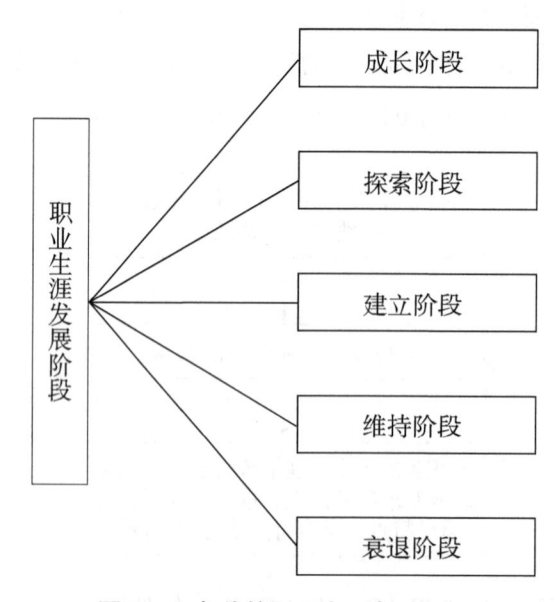

图2-4 舒伯的职业生涯发展阶段

（1）成长阶段。0～14岁为成长阶段，这一阶段的儿童开始发展自我概念，尝试用各种不同的方式表达自己的需要，且经过对现实世界不断的认识来修饰自己的角色。该阶段发展的任务是发展自我形象，形成对工作世界的正确认识，并了解工作的意义。

（2）探索阶段。15～24岁为探索阶段，这一阶段的青少年通过学校的活动对自我的能力和角色会做一番探索。该阶段的发展任务是职业偏好逐渐具体化、确定化。

（3）建立阶段。25～44岁为建立阶段，经历过前一阶段的尝试后，该阶段的青年逐渐确定在整个职业发展中自己的位置，并在31～40岁开始考虑如何保持这个位置。该阶段的发展任务是稳固上升。

（4）维持阶段。45～65岁为维持阶段，在这一阶段，个体仍希望继续维持既有的位置，同时会面临新入职同行的挑战。此阶段的发展任务是维持既有的成就。

（5）衰退阶段。65岁以上为衰退阶段，在这一阶段，由于个体生理及心理机能日渐衰退，个体不得不面对现实，从参与到逐步引退。该阶段的任务是寻找新的方式满足成就感。

三、制定职业生涯规划的原则与意义

（一）制定职业生涯规划的原则

制定职业生涯规划时有必要遵守下列基本原则。

1. 实用性原则

在实用性原则里，应考虑所规划的目标是否符合自己的性格、兴趣和特长，能否在规定的时间内完成，实现目标的途径是否能在自己的特质、社会环境、组织环境等范围内执行，可行性有多大；在执行职业生涯发展规划的过程中，自己能否随时掌握执行的情况，能否进行有效的评估等。

2. 针对性原则

在制定职业生涯规划时，也一定要遵循针对性原则。在现实生活中，每个人的成长方式和发展历程是不同的，每个人的生活习惯和性格爱好也是不同的，因此，尽管很多人的专业和从事的职业工作相同，但他们并不能通用一份职业生涯规划。在通常情况下，对使用者来说，个性化的职业生涯规划才是好的职业生涯规划。

3．明确性原则

规划是预测未来的行动、确定将来的目标，规划中的各项措施与行动应该有清晰、明确的时间表和行动计划，各项主要行动何时实施、何时完成、如何完成，都应有明确的方案，以作为检查行动的依据，及时评估和修正。

4．可行性原则

一份好的职业生涯规划，其操作性最终会落实为时间、地点、资源、对象和程序的具体化内容，以此保证规划可以通过实施者的行为活动得以完成。因此，规划要根据个人的特点、社会发展的需要来制定，一定要遵循可行性原则。

（二）大学生职业生涯规划的意义

1．能够帮助大学生树立正确的择业观念

没有正确的择业观念，带来的结果往往是就业中的四处碰壁，或从事了一个不适合自己的职业，导致个性被压抑，能力被限制，生活上郁郁寡欢，事业上步履维艰。对于有抱负的人来说，大多数职业都有广阔的发展空间，都能给人生带来成功的喜悦。正确的择业观念应当是自我认识、环境认识、价值目标认识的系统结合。而职业生涯规划可以帮助个体在此基础上树立具体的、有针对性的择业观念，从而对机遇的把握更为全面和深刻。

2．能够增强大学生未来发展的计划性

职业生涯规划帮助大学生解决"我想干什么"和"我能干什么"的问题，通过对内外环境的分析，帮助大学生了解自己、了解想从事的行业，由此可以使自己把理想与现实的努力结合起来，明确自己的职业方向，脚踏实地地学习与工作。

3．是满足人生需求的重要手段

美国心理学家马斯洛提出了需求层次理论，如图2-5所示。需要强调的是，较高级的人生需求必须通过满足社会公众和他人的需求才能实现。一份职业能够带来生命赖以存活的食物、水等物质，能够带来一个安全舒适的住房以供休息和放松，也能够带来人们的认可、尊敬、友爱，更能带来成就感和幸福感。现代人大部分的需求都要通过职业生涯活动得以满足。人的需求越高级，对职业生涯的期望也就越大，也就更需要职业生涯规划。

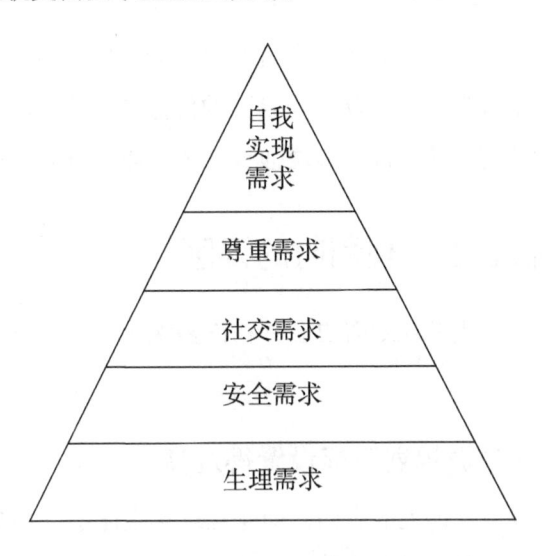

图 2-5　马斯洛需求层次理论

4. 能够帮助大学生立足现有成就确定高尚奋斗目标

事实证明，许多在事业上失败的人，并不是没有知识和能力，而是在于他们没有很好地规划自己的职业生涯。只有明确了目标，大学生才有奋斗的方向，才会积极地创造条件实现目标；只有明确了目标，大学生才能找到与自己最匹配的职业发展道路。

5. 有助于个人抓住工作的重点

职业生涯规划能够帮助我们评价工作的轻重缓急，并合理地对日常工作进行安排。一个人若是没有职业生涯规划，就会很容易受到与人生目标无关的日常事务的影响，甚至沦为琐事的奴隶，无法实现人生目标。职业生涯规划就是为了帮助个人抓住工作的重点，增强成功的可能性。

6. 有利于促进个人努力工作

职业生涯规划的制定将会给个人树立一个明确的标靶，明确了目标，个人才能奋勇直前。随着职业生涯规划内容的一步一步实现，个人的成就感也会不断地增强，这将有利于促进自己进一步向新的目标前进。随着职业生涯规划的不断实现，个人的工作方式和思维方式也将不断地发展和完善。

7. 能够帮助大学生提升自身的价值

在职业生涯规划过程中，要求规划者对自身的价值重新进行评估，并通过层层递进的评估重新审视自己，重新认识自己的价值。在此基础上，根据职业方向来制订相应的行动计划，从而进一步增强自己的职业竞争力，提升自身的价值。

四、制定职业生涯规划时的误区

大学生在制定职业生涯规划时也会存在许多误区，概括来说，这些误区主要包括以下几个方面。

（一）将职业生涯规划目标设置得过高

虽说一个人应该树立远大的志向，但是在现实生活中，每个人都应该对自己有充分的认识。当设置的目标与自己的能力相差太远时，一定要重新审视自己的目标，要从实际出发，将目标定得符合自己的实际情况。制定职业规划时亦如此。

（二）认为兴趣就是职业

在现实生活中，很多大学生都认为自己的兴趣就是自己的职业方向所在，其实不然，兴趣并不等于职业。大学生在选择职业时，应该将自己的兴趣作为重要的参考因素，但并不是唯一的因素。一旦大学生将兴趣作为选择职业的唯一标准，不仅会使自己的职业选择范围变窄，而且很有可能在未来的职业生涯中遇到极大的挫折。

（三）不能正确地评估自己

制定职业生涯规划时首先要进行自我评估，其目的是找出自己的优势和劣势，从而找出适合自己发展的职业目标。但很多人往往看不到自己的优势或劣势所在，要么对自己过分否定，从而丧失信心，制定的职业目标过低；要么盲目自信，制定的职业目标过高，这都将不利于个人职业的发展。

（四）认为职业生涯规划是一成不变的

职业生涯规划是一个不断发展的过程，保持灵活性、适时地评估与调整是必要的。有效的职业生涯规划必须处理好灵活性与稳定性之间的关系。当然，调整也应适度、适时，绝不能朝令夕改。如果频繁地修订与改变自己的职业生涯规划，也将很难发挥其引领作用。

（五）认为职业生涯规划可以随时随意变动

有些大学生在制定自己的职业生涯规划时，盲目跟风，看到这种职业收入高就想从事这种职业，看到那种职业收入高又想从事那种职业，从而导致职业生涯规划根本不起作用，违背了制定职业生涯规划的初衷。

（六）认为只要守株待兔就好

很多人认为成功者只是因为具有好的运气，碰上了好的机会，所以，他们就如同守株待兔中的那个农夫一样，天天等待着"兔子"的到来，而不是主动地规划自己、武装自己，去寻找"兔子"，这样的人，即使有"兔子"出现在自己的面前，他们也会因为自身的准备不足而与它失之交臂。

除此之外，大学生在制定职业规划时存在的误区还有以下几种。

第一，错误地把职业规划等同于职业目标和学习计划，要明确职业目标不仅是知识的积累，更需要综合技能的提升。

第二，认为高学历代表着高能力，意味着高收入，因此将更多的时间用于提升自身学历，而忽略了自身实际能力的培养。

第三，不能很好地执行已经制定的职业生涯规划，没有实现行动与规划的真正统一，并且事后没有采取补救措施，导致最终忘却自己的规划，职业规划如同纸上谈兵，并没有起到实际的效果。

第四，盲目地借鉴高年级学生或者其他学生的职业生涯规划，不能充分地结合自身优势，不能认识到自己与他人之间存在的各种差异或不同，如性格、特长、学识、技能、组织、协调、适应力、创造力等方面。

第五，对外部职业信息不能有一个明确的认识，仅仅通过网络等间接渠道很难体会到职场的真实状态。而职业生涯规划是动态的，要结合这些实际信息进行规划、调整，才能达到更好的效果。

第四节　大学生的就业心理研究

求职择业是大学生人生的重要转折。当前，大学生处在国家经济体制和高校毕业生就业制度双重改革的背景之下，"双向选择、自主择业"是国家把大学生作为一种人力资源，通过市场调控手段，让用人单位能够录取到满意的人才，而高校毕业生也能找到适合自己的工作单位，从而实现优化配置的一项就业政策。在这种双向选择中，大学生要想找到自己理想的工作单位，就必须面对激烈的竞争。而这种激烈竞争所产生的压力正是导致大学生出现就业心理问题的原因之一。

一、大学生常见的就业心理问题

在人的一生中，大学校园生活仅是成长的一个站点，它将随着毕业、就业、进入社会而画上句号。而就业不仅是大学生人生道路中的新起点，也是一个至关重要的转折点。日益严峻的就业压力，使大学生的求职过程不仅是一场能力的大比拼，也是一场心理素质的考验战。一些大学生由于心理承受能力较弱，在求职择业过程中一遇到挫折，就容易产生焦虑、挫折、自卑、依赖等不良心理问题。如何找到理想的工作并开创自己的职业发展空间，实现自己的人生价值，是大学生在就业时需要面对和解决的重要问题。因此，大学生必须注重培养正确的就业心理，把握自己在就业过程中表现出的心理状态。消除心理障碍，克服在就业中容易出现的心理问题，进而形成良好的心态，以健康的身心求职择业，对于大学生今后的职业生涯和人生发展都具有十分重要的意义。

在此，我们主要分析大学生常见的几种就业心理问题。

（一）自我认知失调

自我认知失调是指一个人的行为与自己先前对自我的认知产生分歧，进而产生不舒适感、不愉快的情绪。其表现通常为自负心理、自卑心理、虚荣心理、攀比心理以及追求安逸的心理等。

1. 自负心理

在职业选择中，自负心理主要表现为，部分大学生脱离实际，自认为很有才华，各方面条件都不错，应该有个好的岗位，过高地评价自己，因而傲气十足。他们既缺乏对自己的客观认识，也对就业市场、职场生活缺乏了解，一切都凭自己的主观想象，很容易脱离实际，以幻想代替现实。例如，有的大学生自以为经过大学几年的学习和锻炼已经满腹经纶，任何工作到手中都可以出色完成，在求职中总觉得高人一等、沾沾自喜、自命不凡，如果未能如愿，他们的情绪就会一落千丈，从而产生孤独、失落、烦躁、抑郁的心理。

2. 自卑心理

自卑是自我评价过低、缺乏自信的一种心理现象。其典型表现为轻视自己、自惭形秽，求职时谨小慎微、缩手缩脚、紧张胆怯。性格内向、寡言少语、不善交际的学生，面对竞争激烈的择业市场，对自己的能力、水平往往认识不足，因而常常会产生自卑心理。

对自身缺乏完整、准确的认识，是自卑心理滋生的根源。有些大学生过分注意自己的缺陷或不足，如身高不理想、相貌不佳、不擅长交往；有些大学生对自己所学专业抱有悲观看法等，从而造成自我能力评价过低，不能充分认识自身特长和优势；还有些大学生因为性别的差异而产生自卑心理，不敢与异性去竞争，择业前的心理准备就已逊人一筹。其结果是，在职业定位时缺乏自信，过分降低自己的职业期望值，不敢应聘那些自己完全能够胜任的职位。部分大学生在择业受挫后，悲观失望，丧失信心，产生自暴自弃的心理，以致错失择业良机。

由于自卑者在求职过程中消极应对、处处退缩，致使获得满意工作的概率降低。多次求职不成不仅阻碍了求职工作的进展，还给大学生带来了沉重打击，使原本脆弱的心理"雪上加霜"，以至出现一蹶不振的现象。

3. 虚荣心理

虚荣心理也是大学生择业过程中的一种不良心理。虚荣心强的大学生，往往不切实际、好高骛远，总是"这山望着那山高"。他们选择职业的目的是让别人羡慕，满足自己的虚荣心，而不是为了寻找适合自己发展、能够施展才华的空间。有的学生在择业过程中有明显的功利意识，他们仅仅把目光集中在知名度高、社会地位好、经济收入优越的单位上，不考虑自己的专业、爱好以及能力。有的学生在择业中特别喜欢关注其他学生的就业去向，非要优于其他学生，自己才会心满意足，哪知道"一着不慎，满盘皆输"，这才后悔当初不该太虚荣。

4. 攀比心理

具有此种心理的大学生，择业时不把眼光放在对自我的了解与评估上，反而处处与人论高低，单纯地按就业单位的绝对条件来比较，不积极地对自己进行正确的客观的分析，不考虑自身的条件、社会需要特点、职业发展及就业中的机遇因素，对自己适合哪种职业模糊不清，置其特长、优势于不顾，相互攀比，舍其所长，就其所短。这样的就业心理将自己束缚在狭小的空间里，是很难找到适合自己的工作岗位的。

5. 追求安逸的心理

部分大学生没有经过艰苦生活的磨炼，缺乏艰苦奋斗、吃苦耐劳的精神，求职就业以选择大、中城市为主要去向。一些高校毕业生只考虑到职业选择对于未来人生和工作的重要性，在就业时往往存在追求安逸的心理，把"工作条件好"排在第一位，把"经济收入高"排在第二位，在这一心理的驱使下，学生选择职业的面往往变得很狭窄，形成了"千军万马过独木桥"的局面。

（二）情绪困扰

现代生理学、心理学的研究表明，情绪是对客观事物的态度体验及相应的行为反应，它是以个体的愿望和需要为中介的心理活动。高涨的情绪使人奋进，低落的情绪使人消沉，思想情绪状态也会影响大学生的就业心理。

1. 焦虑情绪

对大学生就业影响最大的情绪是焦虑。焦虑是个体主观上预料将会有某种不良后果产生或某种模糊的威胁、危险出现时的一种不安情绪，并伴有忧虑、烦恼、害怕、紧张等情绪体验。面对纷繁复杂的社会，面对严峻的就业形势以及日趋激烈的就业竞争，面临着种种剧烈的心理冲突该如何作出正确的抉择，使这些缺乏社会经验的大学生深感困惑。不少大学生在各种选择和诱惑面前无所适从，或就业期望过高，不切合实际；或希望尽快落实就业单位，急于求成；或幻想无须付出多大的努力就能得到称心如意的工作，而在实际生活中往往事与愿违，因此普遍出现焦虑不安的心理。现实中的种种矛盾更加剧了他们的心理矛盾，希望自主择业，又不愿承担风险；渴望竞争，又缺乏勇气；胸怀远大理想，却不愿正视现实；重事业、重才智的发挥，却在实际价值取向上重物质、重利益；容易自信，但在遇到挫折之后又容易自卑；既崇尚个人奋斗、自我实现，又有较强的依赖感；等等。

还有一些大学生在就业时显得过于急躁，整个就业期情绪始终处于亢奋状态，经常心急如焚地四面出击、东奔西跑，希望尽快找到合适的工作，但又缺乏对就业形势的冷静观察以及对自我求职的理性思考，常常出现忧心忡忡、烦躁不安、心理紧张、无所适从等现象，做了许多吃力不讨好的事。因此，时常有一些毕业生在并不完全了解用人单位的情况下就匆匆签约，一旦发现实际情况与自己想象的不一样或发现了更合适的工作，又追悔莫及，甚至毁约，给自己带来许多不必要的麻烦与心理困扰。

2. 悲观情绪

部分大学生在面对激烈的就业竞争时信心不足，认为前途黯淡，事业渺茫，往往心灰意懒，看不到就业前景，因而悲观失望。

有的大学生意识到自己在校学习期间没有学到什么真本事，不敢和其他学生竞争，思想顾虑重重，因而破罐子破摔，产生了"做一天和尚撞一天钟"的悲观心理。

还有一小部分因违反过校纪校规而受到纪律处分的学生由于担心用人单位不录用，且怕处分材料跟随本人档案会影响自己将来的发展，为此而产生一种闷闷不乐、忧心忡忡、不思进取的悲观心理。

3. 不满情绪

大学生在求职过程中往往会产生不满情绪。不满的对象可以是大学生周围的任何事物或人。例如，对所在学校、市、省的不满（包括就业管理政策、收费制度、户籍限制等），对家庭成员的不满（包含对其的指导、干涉，对家庭的经济条件限制等），对周围同学的不满（如忌妒），等等。

4. 急躁心理

在求职就业的过程中，许多毕业生总是希望尽快找到去向、落实单位，常常出现一种急躁心理。急躁心理跟过度焦虑相比，程度较轻，但也是常见的心理偏差。

一些大学生之所以形成急躁的心理问题，原因主要有以下两种。

（1）对当前的就业状况缺乏了解。自主就业作为一种就业政策虽然早已为大学生所熟知，但当今社会就业状况怎样，通过什么途径去寻找理想工作，许多大学生却知之甚少。近年来，社会上流传着"就业难"的说法，可是就业难到底难到什么地步，难在哪些专业，难在哪些行业，难在哪些地区，许多大学生也不甚了解。于是面对毕业就业的严峻现实，许多大学生便心急如焚，为前途担忧，为就业奔波，出现了盲目选择工作单位的现象。

（2）对自己缺乏正确认识。一些大学生过高估计自己而确定了不切实际的就业目标。个别大学生盲目提出非大城市不进，非理想单位不考虑，看不起这个单位，瞧不起那种职业，期望值过高，即使被一些条件不错的单位看中，也不屑一顾。一旦理想与现实发生矛盾，又不能及时调整期望值，自寻烦恼，盲目急躁。

急躁作为一种心理障碍，如果不予重视，不但会影响就业效果，甚至还会影响心理健康。

5. 盲目冲动心理

有些大学生在就业时，表现为情绪的极端性，心境受到多重就业因素的困扰，面对现实处境，缺乏应有的冷静和自控，心情急躁，盲目冲动。求职时，缺乏计划性，往往跟着感觉走，对各种信息常不假思考。面试时，一味强调自我意愿，不能客观地分析社会和企业的需要，不善于控制自己的情绪。有的学生签约时不做全面考虑，一经签约又后悔不已，陷入无端的痛苦中。

（三）人际交往障碍

人际交往障碍主要表现在以下几个方面。

1. 依赖心理

"在家靠父母，出门靠朋友"，这句流传很广的社会俚语也在左右着当代大学生的就业心理。很多大学生在高考填报志愿时就是由家长或中学老师做的主，现在临近大学毕业了，即使毕业分配制度已经发生了巨大变革，但仍有为数不少的大学生盼望国家和学校继续"统分统配"或为其谋划好未来。他们一方面希望找到称心的工作，另一方面又不愿意自己到处奔波，于是把就业的希望寄托在学校和老师身上，怀着"车到山前必有路"的依赖心理。有些大学生在就业过程中缺乏自信，把希望寄托在拉关系、走后门上，于是向千里之外的家长寻求帮助；有的大学生对职业左顾右盼，拿不定主意；有的大学生甚至让家长出面与用人单位洽谈。殊不知，这样做的结果恰恰让用人单位对大学生产生缺乏开拓能力、独立生活能力和工作能力差的印象。

2. 怯场心理

据调查，95%以上的大学生都承认自己在面试时精神紧张。许多人平时与同学交谈时，往往能侃侃而谈、谈笑风生，可是到了正式场所，到了面试现场，就神情紧张、心神不安、面红耳赤、手足无措、谈吐失常，辛辛苦苦准备的"台词""腹稿"一急之下都忘得一干二净；有的谨小慎微，生怕说错一句话，一个问题答不好，影响自己的"第一印象"，以致缩手缩脚，影响正常水平的发挥。可见，面试的确是件令人紧张的事，而怯场则是大学生在面试时必须战胜的最大敌人。

一些大学生一到重要场合就怯场，原因主要有以下几点。

（1）临场经验太少。不少大学生由于平时经历有限，很少在重要场合展现自己，更未经历过正式的应聘场面，心理准备往往缺乏针对性，对用人单位关心什么、会问什么等，知之不多，心中无底，这样难免造成临场惊慌失措。

（2）心理负担太重。找一份理想的工作不容易，而面试对能否录用关系重大，许多因此过于看重面试，心理压力太大，自然引起心情紧张、举止失常。

（3）应变能力差。有的大学生面对一些准备不充分的问题，会在面试官突然问起时变得张口结舌，对那些不熟悉的问题，更难作出令人满意的回答。

（4）自我控制能力不强。一些大学生自我控制能力不强，稍有失误就情绪波动，并且很难平静，理智一旦被情绪左右，失误就会增加，引起一系列不良的连锁反应。事实上，参加面试并不一定要求百分百回答准确，出现一些失误是难免的，只要调节、控制好自己的情绪，小小的失误不会对最终结果产生大的影响。

3. 挫折心理

大学生在就业中容易产生自我评价偏高、职业期望偏高的情况，从而在职业选择时容易受到挫折；另外，由于就业市场中确实存在一些不公平现象，以及某些专业、学校不易找工作的客观现实，一些大学生在遇到就业挫折时就容易出现各种不满心理，出现了对专业和学校的抱怨、贬低。在就业问题上，大学生受到挫折，是因为他们的去向和抱负不能为社会与亲友所理解及接受，从而产生了怀才不遇的感觉，感到苦闷、失望、无奈和悲观。如果在挫折中不认真反思，失去理智，盲目地一意孤行，很有可能形成人格障碍。

4. 从众心理

有从众心理的大学生，容易接受暗示，无主见，不能独立思考，虚荣心、侥幸心理会使他们改变原有的自我期望而采取不切合实际的从众行为。大学生处在就业洪流中，期望水平会受到其他就业者期望水平的影响。学成从业，服务社会，实现自身价值，是每一名大学生的美好愿望。但是有些大学生在就业过程中，不是从自身特点、自身能力和社会需要出发，而是与同学盲目攀比，这极不利于自身价值的实现和长远发展。

从众之心，人皆有之。择业时，随大溜的现象本无可厚非，但违背自己的意愿选择了不恰当的职位就显得缺乏理智了。

5. 问题行为

问题行为，即违背社会规范的不良行为。在各种不满与不良就业心态的影响下，还会出现一些不良行为和生理反应。这些不良行为有故意旷课、夜归、喝酒、闹事、故意损坏公物、过度消费等，严重时还可能导致违纪、违法行为。由于心理冲突强度大，有的大学生会出现一些躯体化症状，如头痛、头昏、心慌、消化紊乱、神经衰弱、血压升高、身体酸痛、饮食障碍、失眠等。

行为与生理反应的失常通常是比较严重的就业心理失常的表现，出现这些问题时要及时进行心理调节或寻求心理咨询专家的帮助。

（四）择业观念不合理

大学生的择业观念虽然在总体上是倾向于务实化与理性化，但由于处于择业观念的转型期，因此还是存在各种不良观念，并影响大学生正确、顺利就业。这些不良观念主要表现在以下几个方面。

1. 只顾眼前利益，忽视职业发展

一些大学生在择业标准中只有工作条件、收入，且暂时可以安顿自己等这些眼前实在利益，而对自我的职业兴趣、能力、职业的发展前景等因素不作仔细考量，因而极易选择并不适合自己的职业。

2. 职业标准过于功利化、等级化

一些大学生过分强调职业的功利价值，甚至还将职业划分为不同等级，而不考虑国家与社会的需要，不考虑专业发展的前景，不愿到条件比较艰苦的地区和行业去工作。

3. 求安稳，求职一次到位的观念根深蒂固

很多大学生只喜欢稳定、清闲、福利保障好的单位，希望一次就能选定理想的职业，而不愿意选择有风险、有挑战性的职业，不敢自己去创业。

4. 过分强调专业对口和学以致用

在求职时，有的大学生过分强调专业对口和学以致用，只要是与自己专业关系不密切的职业就不考虑，这样做只能是人为地增加了自己的就业难度。其实，大学生应强化"先就业，后择业"的思想意识，树立适应性强的就业观念。

5. 职业意义认识不当

许多大学生从观念上来说，仅仅把工作当作一种谋生的手段，没有充分认识到职业对个人发展、社会进步的重要意义。

二、大学生就业心理问题产生的原因

造成大学生就业心理问题的原因是多方面的，有客观原因，也有主观原因，归纳起来有以下四个方面的因素。

（一）社会因素

社会因素对大学生就业的影响主要体现在以下两个方面。

1. 社会的变迁

近年来，社会开展体制改革、机制转换，又面临经济全球化、人才国际化的国际大环境，在这种社会转型、新旧交替的过程中，社会价值观出现了多元化发展，人们的需求表现出多层次、全方位的特点。大学生接触社会较少，了解社会不深，生理心理尚处于发展成熟阶段，缺乏坚定的信念和深度的理性思考，容易受外界影响，因而在就业过程中容易出现各种就业心理问题。

2. 就业机制不够完善

虽然市场经济提倡"优胜劣汰""公平竞争"，但用人单位在实际操作中仍存在就业机制不够完善的现象。例如，有的用人单位盲目提高用人规格，大专生就能胜任的工作却非要招收本科生，甚至研究生，造成人才需求错位或人才浪费；有的用人单位存在性别歧视，只要男生不要女生；有的用人单位宁愿要有"关系"的学生，也不要无"关系"的优等生等。另外，当前人才市场流通渠道还不够畅通，公平竞争的环境也不够完善，有的大学生由期望过高变为自信心动摇，甚至失去自信，进而出现各种就业心理问题。

（二）学校因素

学校因素对大学生就业的影响主要体现在以下两个方面。

1. 高校改革相对滞后

社会发展变化飞快，高校教育尚不完全适应发展需要，高校改革相对滞后。大学生就业的难易程度与高校教育质量有一定的关系。在社会对人才要求越来越高的今天，很多人本身就容易感到"知识不够用"和"能力不足"，从而导致自卑和焦虑。而有的高校沿用原有的教学模式和方法，偏重系统的理论知识传授，缺少实践能力和创新精神的培养，导致很多大学生眼高手低，理论多于实践，满足不了用人单位的需要，找不到合适的工作。据调查，有的大学生认为自己的文凭和实际水平不太一致，学校开设的专业课程"不太适应社会需要，学科知识陈旧，影响就业"。因此，高校如何适应社会新形势，进行专业结构、课程设置、教学内容等的改革，提高师资水平，加强学校的配套发展，培养符合社会需要的人才，就显得尤为必要和重要。

2. 就业指导工作相对滞后

就业指导在一些国家已经有悠久的历史，但在我国才刚刚起步。从国外的经验来看，从幼儿园开始，学校就承担着系统的职业生涯辅导和职业教育任务，使得学生在进入大学之前已经有较强的理性思考能力和感性准备。而我国在传统教育体系中缺乏对职业生涯规划和就业指导的系统教育。面对日益激烈的市场竞争，许多大学生新旧择业观冲突，茫然不知所措，在择业过程中出现种种心理适应问题。如何保持健康的择业心理，保持自信心，心理平衡能力和自我调节能力就显得非常重要。目前高校对大学生的就业指导做得还不够，甚至明显滞后于学生择业心理的发展变化。

（三）家庭因素

家庭因素也是大学生产生就业心理问题的原因之一。例如，有些大学生来自贫困家庭，虽然当下已有助学金、生活补贴、国家奖学金、国家助学贷款等多种措施助力他们安心求学，但就业求职是从求学到自力更生的关键转折点，因此他们的心理压力可想而知。若部分大学生经济状况窘迫但又虚荣心作祟，导致心理矛盾加剧，加上家人寄予厚望，自尊受伤害，则容易产生委屈感、受辱感和不公平感等，导致心理失衡和心理障碍。此外，部分家长受传统观念束缚，按照自己的想法给子女安排一切，却忽视了子女的主观愿望、性格特点和客观条件，这些都容易使大学生在择业时产生矛盾心理。

（四）个人因素

个人因素对大学生就业的影响主要体现在以下四个方面。

1. 大学生本身处于心理矛盾期

大学生正处于人生的转折点，面临着人生的重大抉择问题。这一时期是他们人生中最关键的时期，内心充满了各种矛盾。心理学认为，人在认识自我、剖析自我时会有一种无形的东西——无意识的自我保护机制在保护着自己，影响对自我全面、正确、客观和公正的认识，使真实自我产生变形或扭曲。心理学研究表明，"理想的我"与"现实的我"之间的差距会随着年龄的增长而增大。安葬于威斯敏斯特教堂的英国国教主教的墓志铭就这样写道："我年少时，意气风发，踌躇满志，当时曾梦想要改变世界，但当我年事渐长，阅历增多，我发觉自己无力改变世界，于是我缩小了范围，决定先改变我的国家。但是这个目标还是太大了。接着，我步入中年，无奈之余，我将试图改变的对象锁定在最亲密的家人身上。但天不从人愿，他们还是维持原样。当我垂垂老矣，终于顿悟了一些事情：我应该先改变自己。"大学生就业就是在各种矛盾中进行选择。自我和超我的矛盾，理想与现实的矛盾，奉献与索取的矛盾，社会需求与自身实力的矛盾等充斥着就业过程。诸多错综复杂的矛盾是前所未有的，加上大学生本身处于人生心理矛盾突出的时期，他们心理发展不稳定，容易出现矛盾，如开放与封闭的矛盾、独立性与依赖性的矛盾、情感与理智的矛盾等。另外，当代大学生生理与心理发展不同步。相当一部分人心理不成熟，加上个体生活经历不同、体验不同，因而个性心理特征具有较大的个体差异，在择业过程中表现出心理特征的复杂性和矛盾性。

2. 旧择业观的影响

受传统的"铁饭碗"观念的影响，部分大学生就业时定位不切实际，过分考虑工作的稳定性和待遇问题。还有部分大学生，一心向往发达城市和沿海城市，对私营企业、艰苦行业、待遇较低的单位不加考虑，不愿意去基层或发展相对落后的地区，更不想吃苦自主创业。还有不少大学生认为，找不到好工作就不能报答父母，有"无颜见江东父老"之感。

3. 自我定位不准

部分大学生对自己缺乏客观的认识和评价，要么自视甚高，要么评价过低；定位不准确，甚至有的没有定位，随波逐流，在择业过程中茫然徘徊。古人云："知人者智，自知者明。"没有正确的自我认知和自我定位，就难以找到适合自己的工作，难以发挥自己的潜能。

4. 个人综合素质不高

大学生的综合素质高低直接决定着就业顺利与否。大量研究资料表明，大学生的整体素质在逐步提高，但仍存在缺陷。例如，有的大学生注重知识学习，但忽视人际交往；有的大学生知识面窄，如文科生不了解理科常识，理科生不了解人文常识；有的学生学习不努力，专业知识不扎实，英语和计算机水平低，实践动手能力和开拓创新意识缺乏；还有的学生依赖性强，缺少独立解决问题、解决困难的能力，承受能力差，意志薄弱。这些都会影响就业。

总之，大学生就业时产生的心理问题和矛盾，既有客观原因，也有主观原因。因此，为了保障大学生的心理健康，促进其更好地就业，国家、用人单位、高校和大学生个人都应从各自的角度做好调整，加强引导，教育得当，加强实践并调整心态。

三、正确的就业心理对大学生职业规划的意义

正确的就业心理是进行职业规划的基础。自我探索越充分，自我认知越清楚，越容易准确地定位符合个人特征的职业生涯目标。职业生涯规划的针对性与操作性越强，执行规划的动力越充分，个人职业发展的目标越容易达到。

1. 正确的就业心理是大学生认识个人与社会关系的重要基础

大学生的正确的就业心理是认识个人与社会关系的一个重要基础。正确的就业心理是一种积极、主动的愿望，有利于增强自信、挖掘潜能、提升自我。培养正确的就业心理的过程是一个不断学习的过程，它重视个性发展，赞同张扬个性，同时强调个人需求与组织需求、社会需求的匹配。

2. 正确的就业心理有利于大学生找到更多与职业的结合点

大学生对职业的了解较少，因此，很多大学生能将自己与未来职业联系起来的唯一结合点就是所学的专业。这给大学生造成的最大困扰就是能够寻找到的就业机会太少，而且这样的机会可能并不是自己感兴趣的，无形中增加了对未来职业生涯的恐惧感和无力感。正确的就业心理的着眼点在于帮助大学生整理出自己能够投入的事情是什么，自己喜欢的做事方式是怎样的，哪些东西对自己来说是最重要的，或是自己的底线是什么，等等。正确的就业心理通过增加认识自己的切入点，让大学生意识到，除了所学的专业，自己还可以在其他方面与多种职业相互联系，可以有更多的职业路径可供选择。拓宽了发展思路，大学生的就业压力就能够得到缓解，也更愿意为踏上自己喜欢的职业路径而努力付出。

3. 正确的就业心理是大学生立志成才、奋发有为的动力

认识自我、把握自己的优势和弱点是大学生择业的基础。人是具有自觉能动性和创造性的主体，人对自我的认识越深刻，就越能发挥这种能动性和创造性。实践证明，有了对自我的科学认识和把握，有了正确的就业心理，才能合理地设计自己的职业发展道路，才能最大限度地发挥人的潜能，成为有所作为的人。

4. 正确的就业心理有利于促进大学生自我成长，激发潜能

发现自己的优点、能力、特长是培养正确的就业心理的第一步，在此基础上，还需要将这些优势与职业目标相结合，通过实践来证明自身价值，增强自信心和价值感；同时，将各方面的条件与职业要求相比较，更能促进大学生对自己的客观认识。在面对具体的职业要求、工作任务时，大学生容易找到并量化自己的不足，激发出学习知识技能、解决问题、体现自身价值的动机，在较短时间内提升综合素质。通过这样的方式，激发大学生在自学、自我成长、解决问题等方面的潜能，促进大学生的自我完善。

5. 正确的就业心理有利于大学生增强自信心，完善心理素质

对大学生而言，自卑造成的不良影响存在于很多方面，例如，缺乏与人交往的勇气与技巧，缺少展示自己的底气，浪费很多证明自己价值的机会。在就业过程中，还会使得大学生被动，增加就业困难。正确的就业心理能够帮助大学生客观看待自己的各个方面，将大学生的注意力引导到自身的优势资源，让大学生重新看待自己，得出合理的评价，从而完善心理素质。

四、培养正确的就业心理的措施

培养大学生正确的就业心理可以从以下几个方面入手。

（一）主动适应，敢于竞争

竞争是现代社会不断发展的内在动力，它不但促进和引导着社会的进程，也影响着每个人的职业人生。面对社会，我们要主动适应，适应由于自己社会角色的变化和社会本身的变化而产生的各种责任、要求和压力，并积极、主动地融入其中，参与竞争、敢于竞争。

（二）脚踏实地，降低过高的期望值

大学生在就业前，应根据就业形势和实际需要调整自己的期望值，使自己的选择更加符合实际。大学生在求职过程中，往往犹豫是去大公司还是小公司，是追求优厚待遇还是注重能力发挥……对此，我们不妨站高一点、看远一点，个人的职业发展应是关注的重点和首要点，待遇应放在次要位置，不要急功近利。如果能够置身于一个有发展前途的单位，哪怕是一个极小的公司，我们的视野、机遇及前景都可能会有很大的发展空间，我们会随其成长而成长，随其发展而发展，最终实现自己的人生价值。

另外，大学生要客观分析目前的就业形势和自身实际，切忌眼高手低。要结合职业测评结果、近几年的就业形势及自己的实际情况综合分析，准确地自我定位。社会有不同的岗位，基层提供了很多机会，学生不要怕从基层干起，想要成就一番事业首先要踏踏实实地干。职业发展是渐进式的，无论在哪个岗位上，只要有好的表现，用人单位都会给我们一个发展空间满足我们对职业目标的追求。

（三）了解自己，确立未来规划

大学生在择业时，要认真审视自己，对自己做一个全面的评价，认真分析自己的性格、能力、兴趣、特长，从而找出自己的长项，针对长项选择适合自己的工作。例如，如果自己的空间概念和动手能力较强，而语言表达和沟通能力较弱，则可以选择生产型企业中的加工和维修岗位；反之，如果自己组织和沟通能力较强，愿意承担责任，喜欢与人打交道，则可以选择营销策划等岗位；如果自己有创业的打算，不要急于求成，最好先选择在一家生产型企业中工作一段时间，再转岗到营销策划岗位，经过这样的磨炼，积累一定的经验和阅历，为日后创业打下基础。

（四）摒弃焦虑，学会从容应对

在求职过程中遭遇挫折，在当代社会实在是平常不过的事情。一方面，市场经济社会是机遇与挑战并存的社会，一次挫折就是一次挑战，也蕴含着下一次机会；另一方面，挫折也提示我们，对于可能出现的种种情况，事先必须有充分的思想准备和应对策略，要打有准备的仗。这样，一旦挫折来临，大学生就能够正确对待，并以锲而不舍的态度积极进取，直到求职成功。这一点极其重要，因为一次求职就成功的概率实在是太小了。

同时，大学生要有自主择业的观念，克服依赖心理，不要把希望寄托在他人身上，更不要让父母陪着参加招聘活动。可以听取他们的意见，但不要让他们代自己决定。

第三章　高校大学生就业管理研究

第一节　高校大学生就业管理概述

一、高校大学生就业管理的内涵

关于高校大学生就业管理的内涵，学术界有三种主要观点。第一种观点认为，高校大学生就业管理是搭建和完善高校网络平台和就业信息系统，实现高校大学生就业的管理工作的电子化和网络化。第二种观点认为，高校大学生就业管理就是完善高校大学生就业市场，加强高校大学生就业指导工作，开展高校大学生就业教育。第三种观点认为，高校大学生就业管理就是行使公共教育权利，承担社会公共责任，适应市场机制，调节供求关系，推动劳动人才合理流动，实现劳动力资源的合理配置，为国家在政治、经济、文化等领域的发展提供人力资源保障的高校管理工作。

以上观点从不同视角对高校大学生就业管理的基本内涵进行了界定，都有一定的合理性，但是对高校大学生就业管理进行定义也需要考虑时代背景，因为高校大学生就业管理随着社会的改革发展而发展变化，其内涵也会因所处社会发展阶段不同而有所差异。例如，在计划经济时代，我国高校大学生就业管理主要是行政管理工作，而随着我国就业制度改革的不断推进，高校大学生就业管理便从单一的行政管理拓展为集指导、信息、市场、管理于一体的全面就业管理。

因此，当前我国高校大学生就业管理的内涵主要有狭义和广义之分。狭义的高校大学生就业管理指高校对大学生就业的行政管理工作，包括毕业生资格的审查、就业协议书的管理、就业计划的制订和毕业生派遣等。广义的高校大学生就业管理指为保证高校大学生就业工作的科学和有序进行而采取的系统管理，除传统的就业行政管理以外，还包括学生的就业指导，就业市场开发、组织与管理，就业信息收集、处理和发布等内容。

二、高校大学生就业管理的特点

高校大学生就业管理是高校大学生管理的重要组成部分，但因其管理内容的不同，除了具备高校大学生管理中突出的教育功能、鲜明的价值导向、复杂的系统工程和显著的专业特色等特点外，还有其自身的特点。

（一）政策性

高校大学生是建设国家的专业型人才。随着社会和经济发展的需要，高校毕业生就业制度也随之发生了相应变化，国家对大学生就业方针、原则以及方法都有明确要求，并通过各级党委和政府以及高校予以贯彻。一方面，在高校大学生就业管理过程中涉及的签约、违约、资格审查、户口迁移、档案管理等，都需要严格遵循相关政策的规定，以保障高校大学生的合法权益；另一方面，随着形势的变化，国家往往会应时制定促进高校大学生顺利就业的相关政策，如"大学生村官""选调生""三支一扶"等，这些都是直接指导高校大学生就业管理的政策。国家政策为高校大学生就业管理指明了方向，提出了细致的要求。高校大学生就业管理就是要围绕党在高校大学生就业方面的路线、方针、政策开展工作，实现我国人力资源的优化配置。

（二）市场性

高校大学生就业市场是指在社会主义市场经济体制下，高校毕业生与用人单位根据一定的原则进行劳动力交换的过程，是与毕业生人力资源配置相关的关系，以及各种具体的就业市场活动、行为的总和。高校大学生就业市场是实现大学生就业的主要场所。遵循市场经济规律，借鉴市场经济工作方式和理念，加强高校大学生就业市场建设是高校大学生就业管理的重要内容。一方面，通过对高校大学生就业市场人才需求的数量、层次、专业、区域分布等进行深入分析，确定目标市场，制订开发计划，拓展高校大学生就业市场资源；另一方面，通过规范市场秩序、细化服务流程，做好集中性大型招聘会和日常性小型招聘会的策划、筹备和组织工作。

（三）服务性

改革开放以来，我国高校大学生就业进入双向选择、自主选择阶段，高校大学生就业更具市场化特征，高校大学生就业管理工作更多地体现为高校大学生就业服务体系的构建。以服务管理为突破口，改变了过去重管理、轻服务的做法，将管理与服务有机地结合起来。在就业指导方面，构建以市场为导向，学业、就业、创业、职业全程关注，个性化、体验式的高校大学生就业、创业教育模式。在就业信息方面，开发集求职、招聘、就业指导、就业状况监测和自动化办公于一体的全方位高校大学生公共就业信息服务平台；在签约管理方面，制定毕业生就业工作细则，优化工作流程，实现高校大学生就业的"一站式"服务。高校大学生就业管理的服务性特征就是不断增强工作人员的服务意识，把大学生和用人单位当客户，全力以赴地为大学生和用人单位提供全方位、全过程的优质就业服务。

三、高校大学生就业管理的作用

自我国高校扩招以来，高校毕业生人数逐年增多，高校大学生的就业压力日趋加大，高校毕业生就业已经成为一个社会热点和难点问题。就业管理是高校毕业生就业工作中的核心部分，也是事关每一个毕业生能否顺利就业、体现党和政府对毕业生关怀的重要环节。因此，做好高校大学生就业管理工作对国家经济建设的开展、和谐社会的构建、高等教育的改革、大学生自身的发展都具有重要意义。

近年来，部分高校提出了"就业指导招生"和"出口引导入口"的工作理念，启动和推动了以社会需求为导向的高等教育改革，主动研究社会需求和就业形势变化，以市场为导向，及时转变办学指导思想，大力调整学科专业结构，向社会输送"进来就用"的实用型高素质人才。一些高校还出现了各种类型的校企合作、工学结合、订单培养、岗前预就业等新型人才培养模式，紧密结合产业发展需求，及时调整专业设置，全面培养高校大学生的实践能力、就业能力、创新能力和创业能力，提高办学效益和人才培养质量。因此，高校大学生就业管理在高校改革和可持续发展中占有重要地位、发挥着重要作用。

高校大学生就业管理是高校毕业生实现顺利就业、建设和谐社会的重要保障。现代社会，就业不仅是人类谋求生计的手段，更是实现自我价值、获得社会认可的主要途径。高校大学生就业管理对大学生职业生涯的规划和发展将产生重要影响。

第一，个性化的就业指导可以帮助大学生更清晰地规划自己的职业生涯，进一步拓宽自己的思路，增强大学生学习的目的性和自觉性。

第二，就业信息的搜索与发布，能够有效地帮助大学生冲出闭塞的就业信息孤岛，获得丰富、针对性强、准确性高、成功率大的就业信息和就业机会，在双向选择的就业市场环境中取得主动权。

第三，对就业信息的分析和研究可以帮助大学生认清就业形势，尽快找准自己的位置，做到知己知彼，为就业决策提供依据。

第二节　高校大学生就业管理工作的原则

高校大学生就业管理工作的原则是在高校大学生就业管理过程中必须遵循的基本准则。遵循原则是高校大学生就业管理得以顺利进行的保障，是高校大学生就业管理的出发点和落脚点，它直接影响到高校大学生就业管理工作的实际效果。在新发展格局下，高校大学生就业管理工作的原则主要包括以学生为中心、以市场为导向、以服务为取向、以育人为目标等基本原则。

一、以学生为中心的原则

以学生为中心，就是要把学生作为就业管理工作的主体，在就业管理工作中切实尊重学生的主体需求、把握学生的主体特点。尊重学生的主体需求主要包括尊重他们的人格，尊重他们的学习兴趣，尊重他们的身心发展规律，尊重他们成长成才的需要；把握学生的主体特点体现在工作中，就是要深入了解学生的实际状况，尊重学生的主体性、差异性、独特性，以学生成长、成才为中心，区分不同类型、不同层次学生的特点和需求，有针对性地开展就业管理工作。在实际工作中，要坚持以学生为中心，把学生当成客户，提供一流的、高效的就业指导与服务。具体体现在以下三点。

首先，坚持以学生为中心的原则，就要在学校就业工作体制建立、就业工作队伍建设、就业制度制定等方面充分考虑学生的需求与利益。从有利于促进学生就业的角度出发，推动多方联动，最大限度地促进学生有效就业。为学生提供更好的就业服务需要一支高素质的就业工作队伍，不但要熟练掌握常规的就业工作规程，更要研究学生成长、成才的规律，研究学生就业中出现的问题，研究就业市场的变化规律，研究学生的就业心理，成为就业领域内的专家，打造专家化、学者型的就业工作队伍，实现以学生为中心的就业管理。不断加强制度建设，使就业工作制度化、规范化。在就业管理制度制定的过程中，要充分做到以学生为中心，充分尊重和肯定学生的主体作用，充分信任学生的智慧和潜能，充分激发学生的能动性和创造性。

其次，坚持以学生为中心的原则，就要从就业信息、就业指导、就业市场开发等环节为学生提供个性化、人本化的就业服务。就业指导工作是一项系统工程，它涉及专业设置、教学模式、日常教育、课外活动及学生管理模式等诸多方面。以学生为中心开展就业指导服务，需要做到以下三点：第一，充分了解学生的情况，根据学生的个性特点，指导学生树立职业理想，制定适合自己的大学全程发展规划，为个人职业发展规划打下基础；第二，通过职业测评等辅助工具，让学生更好地认识自己的性格类型和能力特点，了解自己的性格特质，适合的岗位特质；第三，针对就业有困难的群体，进行"一对一"的个性化指导，以帮助其找到自身不足，提供解决方案，提升就业竞争力。通过以上步骤，可以使学生进一步拓宽自己的思路，更清晰地规划自己的职业生涯，促进学生了解个人的工作动机、适应性以及工作目标，逐步形成适合本人特点的就业目标，增强适应市场的能力。

最后，坚持以学生为中心的原则，就要把学生利益放在首位，把就业工作做成关爱工程。就业管理工作必须将学生既当作培养教育的对象又看作服务的对象，既要严格要求又要关心帮助，想学生之所想，急学生之所急，从大处着眼，从小处着手，切实将以学生为中心的原则落到实处。在组织洽谈会、签约管理、就业咨询服务的过程中，把学生当成客户，开展微笑服务。多从学生的角度进行思考，把"一切为了学生，为了一切学生"当作一种承诺，并渗透到就业管理工作的方方面面。

二、以市场为导向的原则

市场导向是一种经营管理策略、是一种组织文化，在这种文化氛围下，组织所有的员工均承诺持续为顾客创造优异的价值，以此来保证经营活动的良好绩效。

高校大学生就业管理坚持以市场为导向的原则是指高校大学生就业管理工作遵循市场经济规律，加强就业市场建设，借鉴市场经济工作方式和理念，尊重学生与用人单位的主体要求，注重营销与服务、竞争与诚信，完善就业工作体制、机制和工作模式。

高校大学生就业管理坚持以市场为导向的原则，是由高等学校毕业生就业工作体制变化决定的。20世纪90年代中后期，我国高校毕业生就业体制经历了重大变革，即从"统包统分、包当干部"转变成目前的"市场导向、政府调控、学校推荐，学生与用人单位双向选择"。在计划经济时期，国家对毕业生包分配，所有合格毕业生都可以取得国家干部身份，与之相应的高校大学生就业管理工作就是审查毕业资格、制订就业计划、派遣、改派等。但是随着就业体制的市场化改革，单纯管理型的就业模式已经过时，已满足不了市场对高校大学生就业管理的需求。因此，高校大学生就业管理必然走向坚持以市场为导向，体现市场内在需求。高校学生就业管理工作以市场为导向，集中体现在以下三个方面。

首先，以市场为导向完善高校大学生就业管理工作的体制和机制。在计划经济体制时期，高校大学生就业管理工作是完成国家分配的计划任务。如今的市场经济体制时期，高校大学生就业管理工作要与市场紧密相连，要实时进行市场调研，切实摸清市场的需求，并充分反映到学校教育教学过程中，因此，要坚持"就业指导招生、出口引导入口"，设立专门的市场建设、信息服务、就业指导、就业管理等满足学生和用人单位需要的服务机构，配备层次高、结构好、专业化的高校大学生就业管理工作队伍。

其次,以市场为导向调整高校大学生就业管理工作的职能和内容。在计划经济时期,高校大学生就业管理工作内容较为单一,在工作职能上体现更多的是管理。在当前的市场经济时期,高校大学生就业工作只进行简单的行政职能上的管理,满足不了高校学生、用人单位两个主体需要。因此,要以市场为导向调整工作职能和工作内容,由传统的、单纯的就业行政管理转向市场建设、信息服务、咨询指导、就业管理并重。

最后,以市场为导向调整高校大学生就业管理工作的理念和方式。市场条件下的高校大学生就业管理工作,要求顺应时代潮流,转变传统的就业工作理念,树立企业的营销理念,将学生、家长和用人单位视为顾客,最大限度满足三类顾客的需求。在工作方式上,由过去单一的管理向教育、管理、服务并重转型。以双效为原则,改进就业工作服务。一方面要重效率,也就是要在尽可能短的时间内,让尽可能多的学生接受尽可能全面的指导服务;另一方面要重效益,也就是要让学生得到的指导服务是正确的、必要的、管用的。

三、以服务为取向的原则

以服务为取向的原则是指以就业服务为主要内容和价值取向开展高校大学生就业管理工作,即在就业管理工作中,就业工作相关人员需要不断强化自身服务意识,丰富服务内涵,时刻把有利于提升学生就业能力、为学生就业提供帮助作为自身工作的出发点和归宿,充分发挥"尽我所能,想您所想"的工作理念,在服务方法上与时俱进,提升就业服务的专业化水平,最终提高高校大学生的就业质量。坚持以服务为取向的原则是就业体制改革后毕业生实现就业的迫切需求。

坚持以服务为取向的原则是高校就业管理工作理念转变的必然要求。近年来,高校的就业工作由原来单纯的行政工作到现在的指导与服务于学生,工作理念发生了巨大的转变,高校要做好新时代的高校大学生就业管理工作,就必须不断强化自身以学生为本的服务意识。遵循以服务为取向的原则,应重点关注以下几个环节。

第一,帮助学生明确职业定位,提供就业导航服务。明确职业定位是成功就业的前提，也是就业服务首先要解决的问题，就业导航服务是就业指导教师充分利用各种有效工具指导学生在兴趣、能力、价值观等方面进行科学的评估分析，帮助他们认真厘清和分析学业完成的情况，建立毕业生就业档案，为他们明确职业定位提供导向服务。对那些有一技之长的学生，可以鼓励他们根据自己的特长选择职业，对于那些无明显特长而又急于工作的学生，可以引导他们根据社会需要选择职业，逐步实现人生价值。另外，在就业导航服务中要充分遵循"以学生需求为第一"的原则，防止将自身的主观想法强加给学生。

第二，充分挖掘市场资源，开展就业信息服务。掌握有效、对称的就业信息资源，是新发展格局下高校大学生实现成功就业的基础，开展就业信息服务也就成为就业服务中的重要环节。开展就业信息服务是指认真了解就业市场的供求状况，多渠道挖掘就业信息，努力拓展学生的就业空间，并将这些就业资源进行系统整合，有针对性地提供给需要的学生。一方面，建立就业服务互动机制，任命信息联络员，在学校就业指导服务中心与学生之间建立顺畅沟通的渠道，充分利用学校提供的就业资源，同时动态掌握大学生的就业服务需求；另一方面，努力调动大学生自身的主观能动性，以大学生暑期实践、外出寻找工作为依托，鼓励学生主动收集需求信息，实现资源共享。成立学生就业信息收集小组，发挥网络资源优势，建立就业信息资料库。

第三，努力提高大学生就业能力，实施人才培养服务。提高大学生的就业能力是使大学生把握并获得就业机会、在职业中赢得竞争优势的核心，为大学生提供提高就业能力的业务支持服务是从本质上解决就业问题的重要途径。人才培养服务主要指在大学生的整个高校学习生涯过程中创造各种环境，全面提高学生的就业能力。第一阶段，鼓励大学生积极参与社团活动、勤工助学等实践活动，培养团体合作精神、提高人际交往水平、积累社会经验、提高自身的职业生涯适应能力。第二阶段，鼓励大学生进一步思考就业的深层次问题，利用网络资源以及学校和其他渠道的"双选会"，关注最新就业信息，寻找多渠道进行实习、见习，明确用人单位需要什么样的人才、自己适合什么样的工作，增加就业竞争力。第三阶段，在大学生求职择业的关键时期，鼓励学生把握各种就业机会，通过各种途径积极应聘，聘请专业领域内的就业形势专家开展模拟求职，指导撰写简历和求职信，帮助大学生提高求职、面试技巧，调整好择业心境，确定恰当的就业岗位，合理地调整就业期望值，从而在将来所从事的岗位上实现自身的人生价值。

第四，关注大学生职后状况，完善就业管理工作的"售后服务"。大学生走上工作岗位后，就如同工厂销售的商品一样，其质量及其售后服务的优劣直接影响着高校的社会信誉。大学生的"售后服务"主要是指关注大学生在走向工作岗位以后的职业发展情况，做好大学生的职后教育工作，结合市场需求及时调整人才培养模式。高校需要与大学生及用人单位保持长期的联系，开展大学生质量及就业满意度等调查工作，掌握大学生在离校后的职业发展状况，积极听取用人单位对大学生培养的意见和建议，动态把握市场的需求变化，配合学校不断改进教育教学方法。

四、以育人为目标的原则

坚持以育人为目标的原则，是指高校大学生就业管理要坚持"育人为本"，要将育人贯穿于高校大学生就业管理的每一环节，通过育人与管理相结合促进高校大学生全面发展。坚持以育人为目标的原则，是由高校大学生就业管理的本质属性所决定的，是由高校大学生就业管理所承载的职责所决定的，也是西方发达国家就业管理的成功经验和世界高校大学生就业管理的发展趋势。高校大学生就业管理坚持以育人为目标，应力求做到以下三点。

第一，高校大学生就业管理要立足和定位于高校大学生的生涯发展，体现帮助高校学生实现职业理想的终极关怀。高校学生的就业是与其学业、职业、事业和人生目标相关联的统一体。高校大学生就业管理，既要促使大学生顺利就业，更要促进大学生学业进步、职业发展和事业成功，促进大学生学业、就业、职业、事业四者的协调统一，建立以学业为基础、以就业为导向、以职业为载体、以事业为目标的高校大学生就业管理模式。

第二，要把培养和育人贯穿在高校大学生就业管理的各个环节。高校大学生就业管理是一个包括综合素质塑造、职业生涯规划、政策制度指导、职业心理辅导、求职技巧培训、择业决策咨询、需求信息提供、就业环节帮助八项主要功能的运行系统。以育人为目标就是要在对大学生的就业教育、管理、咨询、指导与服务中，始终考虑如何有利于大学生的全面发展，如何有利于大学生的成长成才，如何有利于实现大学生的职业理想和人生目标。

第三，要强化高校大学生就业管理的思想政治育人功能。随着高校大学生思想状况的变化和社会人才标准的转变，高校大学生就业指导的重点也应由传统的技能指导转向对大学生进行世界观、人生观、价值观和职业道德的教育，也就是要突出它的思想育人功能。一是要以理想信念教育为核心，加强大学生树立正确的世界观、人生观、价值观的教育。针对少数大学生在择业时过分强调自我，不顾国家需要和集体利益的情况加以正确的引导，使大学生形成正确的择业观，自觉地把个人前途和祖国命运联系在一起，把实现个人价值同服务祖国统一起来，最终实现自己的人生理想。二是要通过创业教育培养大学生的责任感、自主性，培养大学生的创业意识和企业家精神。三是要加强大学生的诚信教育。诚信是社会对人才的基本要求，是市场经济条件下大学生必备的思想品质。加强诚信教育是大学生顺利就业、成长成才的保障，是高校义不容辞的责任。

第三节　高校管理和指导大学生就业的实践

一、做好就业心理的准备

（一）树立正确的就业观念

1. 树立主动就业的观念

当代大学生要理性地看待目前严峻的就业形势，要认识到机遇往往是与挑战并存的。在面对新的机遇和挑战时，我们应积极把握、理性选择，走最适合自己发展的道路。因此，大学生应调整好自己的心态，全面冷静地分析自己和社会，不断地充实自己，提升能力，适应社会需求；积极参加招聘活动，认真把握每次就业机会，只有主动就业，才能充分就业。

2. 树立"先就业、后择业"的观念

先就业、后择业不仅能够缓解大学生就业压力，而且能够让大学生毕业有去

处、生活有来源、发展有机会，为大学生立足社会和寻求发展奠定经济基础。先就业可以让大学生在工作实践中增加才干，提高能力，再次择业时将处于更有利的地位。

3. 树立面向基层就业的观念

基层就业就是到城乡基层工作。为此，国家出台了一系列优惠政策，鼓励高校毕业生积极参加社会主义新农村建设、城市社区建设和应征入伍。近年来，"大学生志愿服务西部计划""'三支一扶'计划""选聘高校毕业生到村任职工作""农业技术推广服务特设岗位计划"纷纷出台，促进了大学生调整就业期望、转变就业观念，促使更多大学生到基层去寻求更广阔的发展空间和机会，已经为社会、学校、大学生及其家长所接受，基层就业成为越来越多毕业生的选择。

4. 树立自主创业的观念

就业是民生之本，创业是就业之源。党和国家通过了一系列政策，引导与支持大学生自主创业，高校也重视对大学生创业教育实效的培养，使当代大学生创业意识和创业精神得到了提高，创业的热情和动力在不断进发，涌现出不少成功创业的典型，有效减轻了社会的就业压力。

（二）正确认识自我

1. 正确认识自我的概念

自我的概念主要包括现实自我、投射自我和理想自我三个方面的内容，如图3-1所示。

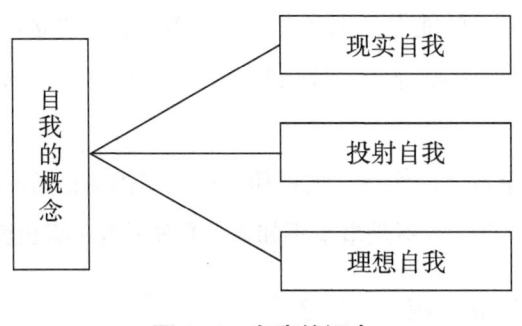

图 3-1 自我的概念

现实自我又称个人自我，是个体从自己的立场出发对自我目前实际状况的看法与认识，包括对自己的躯体、行为、人格、角色特点的认识。

投射自我也称"镜中自我"，是个人想象中他人对自己的看法与评价。现实自我与投射自我间常有距离。当距离加大时，个体会感到他人不理解自己。

理想自我是个体从自己立场出发建构的将来要达到的理性标准，也是个人行为的动力和参考系数。大学生在寻找工作的过程中，会受到理想自我的影响。

2. 正确认识自我的特征

要正确地认识自我，首先要正确认识自我的特征。自我的特征，具体来说有如表3-1所示的三项。

表3-1 自我的特征

自我的特征	具体内容
能动性	自我的能动性表现在个体在自我认识的同时，还能调控个体的行为与心理，按照自我定义不断完善自己
社会性	自我的社会性表现在自我要受到社会的制约。个体自我需要的实现只能在一定的社会经济结构中才有可能，任何人都不能脱离社会而单独存在
自觉性	自我的自觉性体现在个体对自己及自己与周围的关系有清醒的认识上，能使心理活动处于自觉的状态中

（三）树立自信心

自信是成功的源泉，只有自信，才有可能将潜在的实力发挥出来。大学生要想树立起自信心，可以从以下两个方面着手。

第一，要提高自己的能力，积蓄自信的资本，这是树立自信的最根本途径。对于大学生来说，只有搞好学业，发展特长，全面提高自己的综合素质，面对招聘者才可能信心十足。

第二，要多想想自己的优点、优势和特长，要相信自己的能力。认识到别人也不一定什么都好，自己也不是事事不如人。了解了这一点也就不会有畏惧感了。

（四）培养竞争意识

随着改革开放的进一步深化和社会主义市场经济体制的逐步确立，竞争机制已广泛地运用到许多领域,竞争意识也就成为衡量现代人能否适应这一变化的一种标志。处于这种形势下的大学生,要适应社会并对社会作出较大贡献,就必须树立强烈的竞争意识,要有将来投入社会主义市场经济主战场而参与竞争的心理准备。

1. 培养竞争意识是提高人才基本素质的需要

面对社会主义市场经济体制的逐步确立和完善,人才素质所要求的竞争意识显得更为重要,只有在思想上培养出强烈的竞争意识,才能在当今的市场经济主战场上掌握主动权。人们努力抓住一切机遇学好专业技能,拓宽知识领域,挖掘自身潜力,提高竞争能力,迎接来自市场竞争中的各种挑战。而有些人因受传统思想"两耳不闻窗外事,一心只读圣贤书"的影响,认为只要掌握知识,默默无闻地去工作、研究、与世无争就行了。殊不知,时代的发展要求知识分子投身到市场经济的大潮中去搏击,去竞争。大学生是高层次专门人才的最主要的后备军,其竞争意识的强弱直接影响到人才素质的高低。而人才素质提高了,市场机制的转换就更容易实现。因此,要想成为符合社会主义市场经济条件下的适应性强的合格人才,必须有很强的竞争意识。

2. 培养竞争意识是社会主义市场经济发展的需要

社会主义市场经济体制的建立突破了人们多年来对计划与市场属性问题的传统观念,使得市场作为一种经济手段越来越引起人们的重视。而市场经济强调了市场调节,通过转换机制、深化改革,使商品进入市场,努力发展金融、技术、劳务、信息、房地产等市场,以建立完备的市场体系。而在整个市场运行中,无不体现出竞争性。商品、原材料、技术人才等在市场中流通的过程就是一个公平竞争的过程。我国市场经济建设的最高价值取向是为了社会的文明、进步和人类的全面发展,其本质职能是调动人的积极性、主动性,培养人们的自信心和竞争意识,督促人们求真、求善、求美。总之,在社会主义市场经济体制下,与过去任何一个时期相比,市场的概念从未如此鲜明,作为市场重要特征的竞争性也被突出地表现出来。可以这样说,在市场经济条件下,无处不体现着竞争,如果没有较强的竞争意识,就会像质量有问题的商品一样被淘汰。要适应社会主义市场经济,必须培养竞争意识。

3. 培养竞争意识是大学生自身成长的需要

随着人才市场的发育，绝大多数大学生将进入人才市场择业。人才市场的良性运转，为大学生提供了一个公平的竞争机会。有些大学生在人才市场选择工作时，因缺乏竞争意识，一听说面试，就纷纷偃旗息鼓，这是自信心不强、怯懦的表现。一份好的职业、一个良好的成才环境也是靠强烈的竞争差异获取的。在"双向选择"的过程中，专业技术上乘、知识结构全面并具备较强适应能力的"一专多能"的优秀大学生备受用人单位的青睐，也就是说，这类大学生有很强的竞争能力。因此，要想在择业时选择到顺心的工作，就要掌握更多的知识和才能，努力提高自己的择业竞争能力。在上学期间，大学生就应该以较强的择业竞争意识来指导自己的学习、工作、生活。在努力学好专业知识、掌握专业技术的同时，广泛地学习应用类学科，如外语、计算机、商务、管理等，并积极参加学校的社会活动，把自己培养成具备多方面素质和较强适应能力、竞争能力的大学生，以百倍的信心迎接用人单位的挑选。

综上所述，竞争意识的培养是大学生择业指导的重要组成部分，并关系着社会主义市场经济条件下人才素质的高低。大学生只有具有较强的竞争意识，才能更好地把握住大学的学习机会，努力锻炼自己，以便以后顺利通过选择，找到理想工作。

二、掌握就业的相关技巧

（一）掌握笔试的技巧

1. 笔试的概念

笔试主要是指用人单位以书面形式，考查求职者是否具备招聘岗位所需知识和技能，是用人单位对求职者专业基础知识、文字表达及书写等综合能力进行有据可查的测试。

2. 笔试前的准备

（1）笔试前的身心准备。

①笔试的前一天要注意休息，避免考试时精神不振，影响正常思维。

②要适当减轻思想负担,不可给自己施加过大的压力,否则适得其反。

③适当参加文体活动,从而使大脑得以放松,以充沛的精力去参加考试。

(2)笔试前的知识准备。

① 提纲挈领,系统掌握。在准备应聘时的笔试时,应首先梳理所投职位相关的学科知识,认真梳理各科要点,整理成一个条理化、具体化的知识系统和总纲目,最后按照这个总纲目有计划、有步骤地进行复习。

② 学以致用,理论联系实际。现在的求职考试越来越强调用学过的知识来解决实际问题,通过各种实践,把所学得的知识运用到实际工作中去解决各种具体的问题。

③ 正确理解,提高语言转换能力。应聘笔试中一个极其重要的考试,是将自己阅读理解了的东西用自己的话把它们表达出来,这在阅读考题中叫"语言的转化"。这种转化主要有以下三种形式。

第一种,把题中比较抽象、概括的话做出具体的解释。

第二种,把考题中的具体阐述恰当地加以概括。

第三种,把考题中比较含蓄的语言加以明了并正确地阐述。

④ 多读多练,提高阅读能力。复习时经常做些阅读训练,有助于阅读能力的提高,要做到眼到和心到,特别是心到,即对每个问题都仔细揣摩,认真思考,分析比较,多问几个"为什么",以提高练习的有效性。

⑤ 敏锐思考,提高快速答题能力。为了适应招聘考试中的题量,还应该尽快培养自己快速阅读、快速思维和快速答题的能力,以在笔试中提高答题速度。

3. 笔试时的相关技巧

(1)在拿到试卷之后首先要看一下试卷是否完整,是否存在缺页的现象,千万不要等到试卷答了一半之后才发现试卷有问题。

(2)拿到试卷之后还要从头到尾大致看一下题目的难易程度,在有一个大致的了解之后再从前往后进行答题。

(3)答题之前一定要看清题目的要求,千万不可因马虎而导致答非所问。

(4)在考试过程中一定要有信心,会的要认真做,不会的可以先放一放,静下心来将会做的全部做完,再留时间去考虑比较难的题目。

（5）在做题时要认认真真地去做每一道题，做完之后再认真检查一遍。千万不要在做完之后不去检查而是去评估自己的分数，这样一点意义也没有，就是浪费时间。

（6）对于填空题，应聘者在解答前要认真审清试题，搞清题意，先明确空白处应填写的内容与试题叙述的内容之间的关系，再去填写答案。

（7）对于选择题，笔试时有以下几种技巧。

第一，可以采用排除法，选择个人认为最贴切的选项。

第二，可以采用印象认定法。对于不太确定的题目，可以根据个人的第一印象来选择答案，此法命中率较高。

第三，可以采用大胆猜测法。当以上方法都不行时，为了节省时间，可以通过猜测来回答，此方法也有一定的命中率。

（8）对于判断题，笔试时有以下几种技巧。

第一，应注意根据题目内容判断所作的结论是否明确，表述是否清晰。

第二，分辨表现形式，确定解答思路。

第三，辨析设错方式。解题关键在于能否正确地找出或辨析设错方式，设错方式很多，有事实错、前提错、逻辑错、隶属关系错以及概念使用错、词语表达错等。

（二）掌握面试的技巧

1. 面试的概念

面试是指为了更深入了解应聘者的情况，判断应聘者是否符合工作需要而进行招聘人员与应聘者之间的面对面的接触。面试是招聘者对应聘者的口头测试过程。面试已成为用人单位选拔人才的必要手段。

2. 面试前的准备

（1）认识自己。通过跟家人和熟悉自己的老师、亲友倾谈，征询他们的意见，促进自我了解，从而做好自我介绍。

（2）了解对方。为了使面试取得预期的效果，求职者首先要对用人单位的工作性质、业务范围以及发展态势等做充分了解，尤其是对用人单位招聘的工作岗位是否适合自己要做到心中有数。

（3）面试资料准备。

第一，要带记录本和笔，以备急需。

第二，要准备一个大小合适的公文包或书包。

第三，要把简历、照片，各种证书、奖状、证明材料、推荐表和成绩单等的原件、复印件准备好，按顺序排好或装订好，整齐有序地放在书包或文件夹中。

（4）面试心理准备。

① 端正求职心态。尽管机会均等，但实际上机会是偏爱具有竞争心理、有充分的准备和表现意识的人的。应试者要走出心理误区。毕业于名牌大学、热门专业、有才气、有能力的应试者往往会因此而过于自负，缺乏对面试的重视和对招聘考官应有的尊重，甚至还把自身的优势和资本当作与对方讨价还价的筹码，这样的应聘者，即使再优秀也不会赢得考官的青睐。

② 树立求职面试的自信心。从学校生活到参加工作，这是人生的又一转折点。所以大学生在参加面试时要克服畏惧心理，增强自信心。要看到自己的长处和优势，消除自卑感，以挑战者的姿态去迎接求职面试。

③ 思想上充分重视。对于大学生来说，参加面试，尤其是第一次参加面试，其现场表现至关重要，一定要在思想上重视起来，不要抱着试一试、结果无所谓的态度。

④ 增强面对挫折的心理承受能力。对于大多数大学生来说，求职不可能一帆风顺、一次成功，会遇到各种意想不到的挫折。因此，一定要有面对挫折的心理准备。要冷静地分析失利的原因，多从自身查找原因，增强面对挫折的心理承受能力，及时总结教训，适当调整求职目标，以迎接新的挑战。

3. 面试时的相关技巧

（1）耐心等待。在到达面试地点后要保持安静，耐心等待，千万不可因等候时间较长而急躁失礼。

（2）遵守时间。在面试时要遵守约定的时间，最好是在约定时间前10分钟到达面试地点，如果因为一些原因而迟到，一定要向用人单位说明原因，并且致歉。

（3）礼貌待人。

第一，进入面试室先轻轻敲门，等到室内传来"请进"声后才能进入。

第二，进入面试室，与面试官依次打招呼或握手。

第三，等对方说"请坐"之后，自己才能就座，并应说声"谢谢"。

第四，面试结束时，不管过程与结果是否理想，都应微笑起立、道谢、告别。

（4）注意力集中。回答主试者的问题时，要集中自己的注意力，最好把目光集中在主试者的两眉之间，且眼神自然，以传达自己的诚意和对别人的尊重。

（5）坐姿端正。不可任意伸直腿、跷二郎腿，更不能不停地抖动。坐姿要笔直端正，切忌小动作。

（6）注意聆听。面试官讲话必须留心听讲，对于一些听得不太明白的地方可以请面试官稍作解释，这样也可以给自己留出充足的思考时间。

（7）心态平和。在面试过程中，应试者应保持平和的心态，避免一切较为激动的感情流露。

（8）适时发言。发言时语速不要太快，可以边说边想，给对方一种稳重可靠的感觉，面试回答问题，切忌只回答"是"或"不是"，一定要把自己的答话略作解释。

（三）掌握礼仪的技巧

礼仪是对礼节、仪式的统称，是指在人际交往中，自始至终地以一定的、约定俗成的程序、方式来表现的律己、敬人的完整行为。礼仪是一种形式美。

1. 着装礼仪

（1）男生求职时的着装礼仪。

具体来说，男生求职时的着装礼仪主要包括以下几个方面。

① 西装。西装依照开扣方式可以分为单排扣西装和双排扣西装。对于双排扣西装，站立或行走时要把扣子都扣好，坐下时可以解开扣子，但起身时必须尽快把扣子扣好。对于单排扣西装，如果是三粒扣款式，可以扣上一粒或中、上两粒扣子，不能扣最下一粒扣子。穿单排两粒扣西装时，只能扣上一粒扣子。

正式场合的西装颜色以深色为主，在正式西装中，长裤与上衣应是同样花色及材质,而半正式西装可以搭配不同的长裤,但颜色和材质最好还是与上衣色系相近或略深。

② 衬衫。穿西装时,里面应当穿长袖衬衫。衬衫的颜色和花色要与西装搭配。穿深色西装时,里面宜选浅色衬衫,色系与上衣相近。

③ 领带。男生在正式场合穿西装时必须打领带。穿着深色西装时,衬衫以浅色为主,而领带则以与西装同色系为佳。具体如何选择,要考虑场合和自己的特点。

④ 鞋子。一般来说,西装最好配搭黑色皮鞋,或者配搭与西装颜色一致的皮鞋。皮鞋的鞋面及边缘要保持干净,最好是光亮可鉴的。

⑤ 袜子。袜子要以深色为主,应与裤子、皮鞋同类颜色或较深颜色。袜子不可有破洞,同时要清洁,袜头要松紧适宜,长度不宜太短。

⑥ 毛发。求职者应坚持"前发不覆额、侧发不掩耳、后发不触领"的原则,去应聘时要保持头发整洁,精心梳理。另外,个别男生的胡子、鼻毛、耳毛等都很浓重,所以在面试前一定要清理干净。

(2)女生求职时的着装礼仪。

① 服饰。女生在求职面试时要选择得体大方的服饰,要注意以下几个方面。

第一,女生在正式场合可以着裙装、女士西装或者旗袍,但裙子的下摆不要高过膝盖。

第二,不穿领口太低和过紧的衣裙,也不要选择过于薄透的面料。穿着裙装的时候,一般要穿袜子。

第三,选择适合自己皮肤色调的服装,穿出自己的风格和特点,突出个人的气质及魅力。

第四,搭配饰品要讲求少而精,才能真正起到画龙点睛之妙。

第五,应选择中低跟皮鞋,会显得步履坚定从容,让人感到职业女性干练而稳重的气质。

第六,要选择纯毛、纯棉、纯麻、丝质等天然布料和高比例含毛、棉、麻的混纺面料,尽量避免使用纯化纤面料。

② 妆容。妆容的总体原则是淡雅、自然,越接近自然越好,切忌浓妆艳抹。

具体来说应做到以下几个方面。

第一，粉底宜尽量少用。薄而透明的粉底可以营造出健康的肤色，在打粉底时也不要忘了脖颈处，尽量使露在外面的皮肤色调一致。

第二，腮红务求自然。腮红以能够与肤色搭配融合为原则，目的是呈现出健康红润的面容。

第三，适当使用睫毛膏可以让眼睛更加有神，施眼影也能强化面部的立体感。

第四，用眉笔调整眉形，描眉应在修眉的基础上进行，描出的眉形应符合自己的年龄、脸形。

第五，唇部的妆容应改变不理想的唇形，增加整个面部的神采，浅色口红可以增加自然美感。

第六，选用气味淡雅清新的植物型香水，喷洒在手腕、耳后、臂肘、腿弯处，避免体味。

③ 手臂。

第一，注意保持手臂的洁净，注意经常清洗手臂，要真正做到无泥垢、无污痕。

第二，手臂的装饰应注意本着朴素、庄重的原则，不应艳丽、怪诞。

第三，对指甲应做到"三天一修剪、每天一检查"，尽量不要在指甲上涂抹彩色指甲油，或做美甲，可以使用无色指甲油。

④ 毛发。发型发饰要符合美观、大方、干净、梳得整齐和有利于工作的原则，同时要与脸形、身材、年龄、气质、季节及环境等因素结合起来。另外，女性应该定期剃除腋毛，尤其是夏天着装较少的时候，避免因其使个人形象减分。

2. 行为礼仪

（1）准时赴约。面试前要对面试的时间、地点了然于胸，并比约定的时间提前到达，这样做有两个方面的好处。

第一，表示你的诚意和对对方的尊重。

第二，提前到场可以稳定情绪，稍作准备。

（2）讲究秩序。无论是在面试现场的门内还是门外，都不能争先恐后，那会显得慌乱、霸道、缺乏教养，也容易给旁边的观察者留下不好的印象。

（3）尊重接待人员。对每一位招聘者，不论是领导还是一般员工，也不论是地位高的老员工，还是地位低的年轻员工，都应做到端庄、谦逊而不造作。

（4）适时告辞。面试结束时要表示感谢并有礼貌地告辞。假如面试官当场表态可以接收自己，要向对方表示感谢，并表达自己努力工作的决心；如果面试官没有明确表态是接收自己还是不能接收，也不要失态，要表示理解对方，以显示大度。

（5）离座。在离座时，求职者动作要缓慢，避免带下椅垫、带倒座椅等情况；起身站定后方可离去；最好从左侧离开，"左出"也是一种礼节。

（6）出门。面试结束，同样要和大家行注目礼，可表示"谢谢你们给了我机会"，然后说"再见"，起身离去。关门动作同样要轻。万一被风吹或者失手关重了，切记及时回头解释，避免别人认为自己心怀不满、修养欠佳。

（四）防范就业陷阱

就业陷阱是指求职者将要从事的工作内容，并不是招聘者在书面上或原先口头承诺的内容要件，或借工作机会的诱因及其他诱人条件，用骗术使求职者付出不属于原定劳动契约内容的额外财务支付，或违背其个人意愿而从事违背善良风俗的行为等一系列用人单位以招聘、就业为名义进行非法牟利的活动。

1. 大学生常见的就业陷阱

由于大学生求职心切，缺乏社会经验和就业防范意识，所以很容易掉入就业陷阱，既损失金钱，又浪费时间和精力，影响就业，甚至有人身安全隐患。概括来说，大学生在求职过程中容易遇到的陷阱主要有以下几种。

（1）收费陷阱。一些不法单位为了牟取不义之财，获取不当利益，利用大学生求职心切的心理，向大学生收取各类不合理的费用，如伙食费、体检费、培训费、保证金、违约金等。等大学生工作一段时间后，单位会以外调偏远地区或内调不重要部门等理由让大学生主动放弃工作岗位，不给员工返还各类费用。

（2）高薪陷阱。对于一个刚毕业的大学生来说，高薪非常有吸引力。一般打着高薪招聘旗号的公司，从收简历、面试到笔试，整套程序看起来非常正规。但是，其背后却是固定工资部分很低，高薪主要来自业绩提成。

（3）传销陷阱。当前，一些传销组织利用大学生求职心切的心理，以给大学生安排工作岗位为名，让大学生到外地去实习或面试，之后就会通过各种手段控制大学生的人身自由，强迫其加入某些非法传销组织，给大学生的人身及财产安全等造成了巨大的威胁。

（4）押金陷阱。一些公司可能规模不大，但开出一些诱人的条件，如在大城市工作、解决户口问题等。一段时间之后，公司又表示因工作岗位调整或者其他原因，承诺无法兑现。公司算准了学生不愿意服从，就以学生主动放弃为由，不予退还押金。

（5）网上应聘陷阱。网上应聘已经逐渐成为大学生求职的主要形式。网上应聘使得大学生的个人信息很容易被公开，一些不法分子利用学生找工作心切的心理，招摇撞骗。

（6）中介陷阱。市场上的职业中介机构服务质量参差不齐，有的中介市场利用大学生社会经验少、涉世不深的特点，损害大学生的就业权益；有的中介机构超范围经营，或不具备合法的经营资格而招摇撞骗；有的中介机构只收费不服务，以公司名义招人，然后再以各种理由辞退就业人员，骗取手续费。

（7）无偿工作陷阱。例如，有些公司以招聘程序员为名，给应聘的学生出了一些关于程序设计的考题。拿到考题的学生苦心钻研，几天后他们把自己的答案交给公司。大家都以为自己有希望，却一直没有得到公司的答复，就以为是别人的方案比自己的好。直到与其他应聘同学交流之后，才发现所有人都落选了。原来这些公司要程序设计是真，但是为了省钱，以招聘为名，让学生免费工作，还可以得到优秀的解决方案，一箭双雕。

（8）试用期陷阱。试用期是在劳动合同期限内，用人单位和劳动者为互相了解对方而约定的考察期，而部分用人单位却利用大学生求职心切的心理，为大学生设下试用期陷阱。这些陷阱主要包括以下三种。

第一，单方面延长试用期，降低人工成本，使用廉价劳动力。

第二，只签订试用期合同，试用期满后以"考核结果不合格"为由不发放工资，解聘大学生。

第三，试用期间不为求职者缴纳保险，损害求职者的就业权益。

（9）关系陷阱。

第一，打着同乡、同学甚至亲戚的幌子招聘大学生去工作，既不签合同，又不办手续，一旦出现问题，就推卸所有责任。

第二，夸大自己的能力，承诺为大学生找工作，在博得大学生及其家长的信任后，逐渐提出各种要求以骗取钱财，再假称中间环节出现问题故未能兑现承诺。其结果往往是大学生及家长钱花了不少，却不见工作的踪迹。

（10）合同陷阱。合同陷阱主要包括以下几种。

① "霸王"条款。有些用人单位严重违反国家相关规定，在合同中只约定应聘方应承担的义务和违约责任，而且常常是高代价的违约责任，但对于应聘方的权利却没有实质性说明。

② 格式条款。有些用人单位按照合同范本事先打印好聘用合同，表面上合同格式规范，但实际条款表述含糊，因此一旦发生劳务纠纷，用人方总会按照"合同"为自己辩护。

③ "生死"合同。有些用人单位为逃避责任，违反国家法律规定，在签订合同时，要求应聘者如果发生病、伤、残、亡等意外事故，单位不承担任何责任。

④ "阴阳"合同。有些用人单位与应聘者签订两份合同，一份按照国家规定签订，以应付有关部门的监督检查；另外签订一份可能含有较多不合理条款的合同，而这才是双方真正履行的合同。

（11）工资陷阱。工资是一个较宽泛的概念，包含的内容很多，如福利、保险、奖金等。有的用人单位在招聘时夸大工资金额，但是这些高工资中没有扣除保险、公积金等项目，在大学生入职之后，扣除这些项目之后实际拿到手的工资已经非常少了。

2. 防范就业陷阱的方法

（1）保持正确的择业观和择业心态。大学生求职时应客观分析和评价自我，明确定位，做好职业规划，既不能迫于择业压力而以牺牲合法权益为代价盲目签约，也不能好高骛远。

（2）加强对相关法律法规的学习。大学生就业前应主动学习《中华人民共和国劳动法》《中华人民共和国劳动合同法》《中华人民共和国劳动争议调解仲裁法》等有关劳动的法律法规，重点了解掌握与自身权益相关的条款和具体内容。同时要通过网络、教材等渠道中的案例了解求职过程中可能遇到的各类就业陷阱，时刻提醒自己规避风险,提高自己发现问题、思考问题、解决问题的能力和素养。

(3)遵循两大原则。

第一,不缴纳任何费用。招聘都有成本,但真正招人的正规公司不会把招聘的成本转嫁到应聘者身上,更不会通过招聘来牟利或销售商品。因此,凡是在应聘时碰到公司要收费,这些公司多半有"猫腻"。大学生到人才中介或职业介绍机构求职时,要特别留意该单位的资质,并且应到经劳动部门或人事部门批准的正规机构求职。这些机构往往"明码标价",服务流程相对规范,且收取费用后会开具正式发票。

第二,不随便签字。当招聘方拿出协议或合同要求签字时,千万要多加留心,仔细阅读内容,并细细斟酌。特别是当遇到以推广、促销产品为名的民事协议时,千万不要签。

(4)规范劳动合同。与用人单位签订劳动合同时,不要相信所谓的口头承诺,必须签订书面合同;要检查合同内容是否完整、清楚、准确,不要用缩写成含糊的文字表达;要注意审核劳动合同是否符合劳动法规的相关规定,要看清劳动合同的附加条款,当面签章。

(5)获取正规信息。

第一,从正当渠道获取就业信息,如学校就业指导部门、高校或当地毕业生就业主管部门组织的毕业生供需见面会和人才招聘会,正规权威的人才招聘类专业网站,或从家长、亲友、老师等值得信赖的社会关系处获取的就业信息。

第二,对信息内容做进一步核实、鉴别、分析,防止信息中包含夸大、不实的成分。投递简历前应通过老师及熟人咨询等方式充分了解用人单位的情况,或到用人单位核实。

(6)防止面试风险。求职面试要注意安全,面试前务必告诉家人、同学或老师面试的具体时间和详细地点。如遇非正常上班时间参加面试、面试地点偏僻等情况一定要小心谨慎,提高警惕;不要随便吃喝对方提供的食品或饮料;要注意观察招聘人员的言行举止,如果其闪烁其词、言行暧昧或长时间询问私人信息,要果断放弃面试立即离开;如招聘单位要求上交相关证件,只能交复印件并注明证件用途。

(7)防止信息泄露。在求职过程中,要在官方的、正规的人才招聘网站投递简历，不要将个人的详细信息随意发布到招聘网站上。填写个人联系方式时，只留个人的手机号、电子邮箱、通信地址，不要随意登记家人的姓名和联系方式。

（8）识别就业陷阱。近年来，由于就业竞争日趋激烈，加上大学生往往认为自身"底气"不足，容易导致就业心切、盲目相信虚假招聘广告。受害者们不但没有找到工作，还为此赔了许多冤枉钱。因此大学生应提高警惕，擦亮自己的眼睛，不要轻信虚假招聘广告、非法中介或个别用人单位的"花言巧语"。

（9）注意"三忌"。俗话讲，苍蝇不叮无缝的蛋。大学生在求职时，要注意"三忌"。

第一，忌急心。面对竞争激烈的就业市场，大学生都想尽快找到合适自己的工作，以此来开创自己的美好未来。这样的心情是可以理解的，但是，凡事都要有个"度"。如果过于急切，反而会使自己走入盲目求职的误区，从而使落入就业陷阱的风险加大。大学生应尽量保持相对冷静的心态，要有客观冷静的主动意识。在求职过程中，当发觉自己的心理遇到障碍或压力过大的时候，可以向亲人、老师、职前教育专家或师兄、师姐寻求帮助。

第二，忌糊涂心。大学生在投递简历之前，要确实了解该用人单位的相关情况，认真仔细地思考自己是否适合这项工作；在参加笔试和面试时，要处处留心可能出现的陷阱；在应聘成功后，也不要就此放松警惕，关于试用期和签订合同的有关事项，一定要仔细检查核对，以免自己的权利受到侵犯。

第三，忌贪心。年薪上百万元的职位，想想就让人流口水，但是自己只不过是初出茅庐的社会新人，在许多社会人的眼中很可能还是孩子，真的具备赚取这上百万元的能力吗？大学生不要被一些诱惑力十足的薪酬条件蒙蔽双眼，失去正确的判断，一定要把握好自己的价值观和职业目标，脚踏实地地做人做事。

第四节　高校大学生自主创业工作的指导

创业并不是一件很容易的事，人人都可以创业，但未必人人都可以创业成功。对于大学生创业者来说，更应该做好相应的准备，准备得越充分，创业成功的可能性就越大。

一、创业者应具备的素质

（一）知识素质

创业者的知识素质对创业起着举足轻重的作用。在知识大爆炸、竞争日益激烈的今天，要想成功创业，只凭单一的专业知识是非常困难的。创业者要作出正确决策，还必须掌握广博的知识，具有一专多能的复合型知识结构。概括来说，创业者应具备的知识素质主要包括以下几个方面。

1. 人文基础知识

人文基础知识的内容十分广泛，包括历史、文学、社会、哲学、政治、艺术等。作为一名 21 世纪的大学生，作为一个即将开创自己事业的创业者，基本的人文素养不仅有利于开阔视野、活跃思维、激发创新灵感，还能够升华人格、提高境界、振奋精神。加强文化素质教育是学会做人的关键。只有学会了做人，才能做好事。

2. 专业知识

专业知识是学生创业的起点，在创业的知识结构中处于核心地位。例如，对于从事科技创业的学生来说，专业知识和才能是创业之源。只有掌握专业知识，才可以把握技术研发的内容、进程和关键环节，形成自己企业的核心竞争力，从而在商战里占据主动地位。近年来，一些学生创业之所以失败，根本原因是企业的知识含量不高，没有核心技术作支撑。

3. 创办企业的相关知识

大学生创业者必须了解创办企业的相应程序以及相关的法律法规知识。例如，有关私营及合伙企业、有限公司的法律法规，怎样申请开业登记，怎样办理税务登记，纳税申报有哪些规定和程序，银行开户程序和有关结算规定等。

4. 税收知识

税收具有强制性，即国家按照法律规定强制征收。纳税是政府调节经济的重要杠杆。依法纳税是纳税人的义务。我国的税种主要有消费税、营业税、企业所得税、城市维护建设税、印花税、关税、车船使用税等。

5. 法律知识

创业的过程难免出现这样那样的纠纷，也会遇到形形色色的法律问题。在法治社会中，了解基本的法律知识，对于创业活动是大有帮助的。现在的学生可能不缺乏法律意识和观念，但是很多人对于具体的法律知识却知之甚少。因此，创业者要对工商注册登记、经济合同、税务、劳动等方面的法律知识有所了解，以免违法或违规经营。

6. 管理知识

在市场经济条件下，企业成败的关键在于经营管理。倘若没有一个有效的决策分配系统，使各部门、各岗位之间既能相互配合又相互制约，那么企业就不能高效、合理地运转。如果只是简单地规定"谁听谁的"是无法应对日益复杂的经营管理问题的，当企业经营过程中出现意见分歧而无法进行决策时，不仅有可能引起团队成员之间反目成仇，而且会影响到企业的运作效率，甚至会危及企业的生存。因此，在日益复杂激烈的市场竞争中，创业者不能仅凭经验和直觉去经营企业，必须运用有效的经营管理知识来武装自己，指导经营活动。

对于创业的大学生来说，由于主客观条件的限制和出于降低市场风险的考虑，在创业时大多选择了由几个要好同学、朋友组成创业团队的形式，这种形式需要解决的首要问题之一就是决策权限的分配问题，也就是解决"谁负责什么"或者"什么事情谁说了算"的问题。因此，大学生应该学习一些管理知识，明确规定出创业经营的目标与范围、管理制度的细节、业务股东的酬劳计算方式、利润分配方式，亏损和补偿分配方式，以及万一企业停止营业时财产如何处理等，并提前将其落到实处，以免日后发生纷争。

7. 营销知识

营销管理是指为了实现企业或组织目标，建立和保持与目标市场之间的互利的交换关系，而对设计项目的分析、规划、实施和控制。例如，潜在客户在哪里、竞争对手是谁、对方的切入角度或竞争手法是什么、如何提供成本最低却又能符合需求的产品与服务、如何化解风险等。创业者可以通过观察同业者常用的销售方式及各种可供选择和借鉴的营销方式，然后再根据自己企业的实际，建立有效的运作模式。

大学生受自己生活的范围所限，对于市场和销售的了解会或多或少地存在猜想的成分，为了能够准确地把握市场，做好市场定位，大学生应该学习和掌握一定的营销知识，避免走一些弯路。

8. 资本和财务管理知识

创业所从事的生产经营活动一旦开始运营，每时每刻都会与资金打交道。离开了钱，生产经营活动将寸步难行。财务管理的主要内容就是资金及其运作。大学生创业必须具备一定的资本常识和起码的财务管理知识，对于资金的分配、使用、流动、增值等环节都要有所了解，养成良好的财务管理习惯，并了解怎样从银行借钱、怎样才能合理地使用资金、怎样才能有效地规避风险等同银行及保险部门打交道的基本知识，利用现代化社会的信用和保险制度为创业服务，这对于降低生产成本、报税、调整经营方向等会起到很有价值的参考作用。

（二）能力素质

创业能力是在创业实践过程中直接体现出来的能够顺利实现创业目标的特殊能力。创业能力是一种高层次的综合职业能力。大学生创业时应具备的能力主要包括以下几个方面。

1. 专业能力

专业能力是指企业中与经营方向密切相关的主要岗位或岗位群所要求的能力。创业者应具备的专业能力主要体现在以下三个方面。

第一，创办企业中主要岗位的必备从业能力。

第二，接受和理解与所办企业经营方向有关的新技术的能力。

第三，把环保、质量、能源、安全、经济等知识和法律法规运用于本行业实际操作的能力。

2. 协调能力

大学生创业者一定要具备协调能力，概括来说，协调能力的重要作用表现在以下几个方面。

第一，协调能力能够化解创业团队与竞争者之间、创业团队与客户之间的矛盾，能够使创业团队获得良好的形象，提高可信度，为合作打好基础。

第二，良好的协调能力有利于信息的沟通。对于加强相互理解和利益共享有着切实的好处。

第三，协调能力还可以融洽相关主体之间的感情，增加合作的愿望和机会。

第四，协调能力使整个团队的工作有序、配合协调，工作效率达到最高。

3. 识人能力

市场经济的竞争是人才的竞争。谁拥有人才，谁就拥有市场、拥有客户。在生产力的诸要素中，人是最活跃的、起决定作用的因素，也是企业能否更好发展的决定性因素。一个企业没有优秀的管理人才、技术人才，这个企业就不会有好的经济效益和社会效益。一个创业者不吸纳德才兼备、志同道合的人共创事业，创业就难以成功。因此，大学生创新创业者首先必须学会识人，一定要具有辨别人才的能力。

4. 用人能力

企业的竞争实际上就是人才的竞争。企业经营的好坏，与所用人才的好坏和用人方式有着非常直接的关系。一个成功的创业者，必须要广泛吸纳人才，充分利用每一个人的长处，使其在企业中发挥最大作用。因此，创业者需要具有恰到好处的用人能力，只有能做到人尽其才，才能让企业获得更大的发展。

5. 判断能力

第一，判断是管理和决策的基础。面对复杂多变的环境，如果创业者没有判断能力就不可能作出正确的决策。判断能力是把握事物发展主流所必需的能力。

第二，判断能力是风险运作的基础。在创业过程中，收益和风险总是并存的。不同的决策者对风险有不同的偏好，但不论创业者对风险是什么态度，都需要对收益和风险作出判断，没有判断的风险运作是注定要失败的。

6. 获取资源的能力

资源条件是创业能力的重要构成部分，但企业资源又是有限的，必须要合理计划和利用好有限资源才能实现成功创业。部分创业者认为，只有所有的资源条件都具备了才能创业成功，这种想法显然是不对的。在创业初期，很多创业者都只会拥有部分资源，如果等所有的资源条件都到位再进行创业实践的话，很多商机可能就已经流失了。所以，创业者要善于整合并利用资源，只有这样才能创业成功。

7. 领导决策能力

在创业活动中，几乎每个阶段都离不开创业者的决策，创业项目的选择、企业产品的定位、企业发展战略的制定、企业的商业模式以及盈利模式的选择等，都需要创业者进行决策，而能否作出正确的决策，直接关系着创业的成败。

8. 人际交往能力

在企业创建与经营的过程中，创业者不仅要同工商、税务等各环节的管理人员打交道，还要同客户、供应商、经销商等各个渠道、各行各业的人交往，没有良好的人际交往能力，企业的生存和发展都是非常困难的。

9. 经营管理能力

经营管理能力是对包括企业内部条件及其发展潜力在内的经营战略与计划的决策能力，以及企业上下各种生产经营活动的管理能力的总和。成功的创业者，不仅要有果敢的开拓精神，还必须精通经营之道。熟悉市场行情，了解和掌握生产经营活动的内容、策略和手段，要懂得市场经营策略、销售策略、定价策略，熟悉生产经营的组织和管理等。试想，如果一个创造者不具备管理能力，他将如何管理企业，如何取得创业成功。

10. 创新能力

创新是知识经济主旋律，是创业者化解外界风险和获取竞争优势的有效途径。企业只有不断地创新、不断研发新产品、不断为客户提供优质的个性化服务，才能确保企业的可持续发展，才能确保企业立于不败之地。创业者必须有创新能力，才能确保企业的不断发展。

11. 合作能力

创业者不但要与自己的合作者、雇员合作，也要与各种与企业发展有关的机构合作，甚至还要与同行业的竞争者合作，因此，创业者要善于站在对方的立场上考虑，理解对方，要善于与他人合作，共同发展。

12. 理财能力

理财是对资金运动过程进行正确的组织、指挥和调节，保证生产活动顺利进行，从而减少劳动和物质资源的耗损、降低产品成本、提高资金利润率的重要环节。企业理财其实是一种生产力，只有创业者具有了这项能力和基本素质，并准确无误地应用到企业财务管理中，才能创造出更多的财富。

（三）心理素质

创业者应具备的心理素质主要包括以下几个方面。

1. 独立性与合作性并存的创业观念

独立性与合作性是相辅相成的两种心理品质，它们交互作用、相互制约，在创业实践活动中发挥重要的调节作用。

独立性是创业者最基本的个性品质，是创业者自立自强的重要人格因素。创业，对社会来说是为社会积累物质财富和精神财富，推动社会进步；而就个人来说，就是谋生和立业。因此，创业者要能走出依附于他人的生活圈子，走上独立自主的生活道路。创业者要不靠别人的供养，摆脱别人的控制和影响，独立思考，自主行动，不人云亦云，依靠自己的劳动和智慧，走上自立人生、兴家创业的道路。

但是，独立并不等于孤独。我们所从事的创业实践活动离不开社会。虽然创业活动是个体的实践活动，但更是一种社会性的活动。这种活动，是在人与人之间交往、配合和协调中发生、发展并取得成功的。所以，成功的创业者大多是出色的社会活动家，他们善于与各种人打交道，积极主动地与人交流、合作、互助。我们十分强调创业者的社会交往能力，它的潜质就在于个性的合作性。

2. 敢为性与克制性同在的创业精神

敢为性与克制性在创业活动中交互作用、相互制约，起着重要的调节作用。敢为而又善于自控，才能在积极进取和自我完善中不断获得成功。

对于瞄准的目标敢于起步，对于选定的事业敢于冒险，这就是敢为性。敢为性强调的是人对事业的倾向，具有敢为性的人能够不断地寻找新的起点，并及时付诸行动，当机会出现的时候，能够激起他们的心理冲动，并一往无前地付诸行动。只要从事创业活动，就必然会伴随某种风险，而且常常是事业的范围和规模越大，能够取得的成就就越大，所伴随的风险也就越大，因此，需要承受风险的心理负担也就越大。立志创业必须敢闯敢干，有胆有识，才能变理想为现实。

但敢作敢为并不是盲目冲动的，而是建立在对主客观条件进行科学分析的基础上，建立在实事求是的基础上的。因此，对于创业者来说，还要具有一定的克制性，即防止冲动。克制性包括对情绪的自我控制、对行为的自觉约束、对心理的自我调节，克制性能够使创业者积极有效地控制和调节自己的情感和情绪，使自己的活动始终在正确的轨道上运行。

3. 良好的适应性

适应性即善于进行自我调节，能不断适应环境变化的心理品质。面对市场的变幻莫测、激烈竞争，创业者能否因客观变化而"动"，灵活地适应变化，成为创业成功的关键所在。因而，创业者应具有较强的适应性。

二、创业机会的发掘

（一）创业机会的特征

1. 客观性

创业机会是客观存在的，无论创业者是否意识到，它都会客观存在于一定的社会经济环境之中。客观存在的创业机会对所有人都是公开的，每个创业者都有可能发现，不存在独占权。在创业者发现创业机会的时候，就要考虑潜在的竞争对手，不能认为发现创业机会就意味着独占，独占创业机会就意味着成功。

2. 时效性

创业机会往往存在于一定的时空范围之内，随着产生创业机会客观条件的变化，创业机会就会相应地消逝和变化。而且由于机会的公开性，别人也可能利用，这就改变了供需矛盾，加速了事物的变化过程，机会也就失去了效用，甚至成为创业者的威胁。对于创业者来说，要抓住创业机会并及时利用，越早发现创业机会并采取措施将机会付诸实施，成功的可能性也就越大。

3. 潜在的赢利性

对于创业机会来说，赢利性属于前提与基础。创业者创造创业机会的主要目的是为自己赢利。如果不存在赢利性，那么创业机会也就不存在了。同时，创业机会的赢利性是具有潜在特征的。具体来说，需要创业者具备一定的知识与经验。因此，这对于创业者来说有一定难度。从表面看，很多创业机会具有较大的赢利性，但是经过实践之后，可能并未获得赢利。因此，这就要求创业者需要付出更多的努力，进行识别与评价。

4. 偶然性

创业机会需要靠人去发现，但是由于缺乏科学方法的指导而没有发现创业机会是很正常的，但不能说没有创业机会。大多数时候，创业机会不可能明显地摆在创业者面前，机会的发现也常常具有一定的偶然性，关键要靠创业者去努力寻找。创业机会无处不在、无时不有，要从不断变化的必然规律中预测和把握机会。

5. 适应性

商业环境是初创企业赖以生存和发展的重要条件，包括政策法规环境、经济环境、社会环境、生产环境等。创业机会必须适应商业环境，能够使创业者在该环境中获得收益，创业活动才有可能延续下去。

6. 不确定性

创业机会总是存在的，但机会的发展往往难以预料，具有很强的不确定性。创业机会在一定的条件下产生，条件改变了，结果往往也会随之改变。创业者在发现创业机会的时候，一般是根据已知条件进行的，但结果可能会出乎意料，因为有可能是条件改变了，或者创业者利用机会的努力程度不够。

（二）发掘创业机会的方法

创业者不仅要善于发现机会，更需要正确把握并果敢行动，将机会变成现实的结果。概括来说，发掘创业机会的方法主要有如表 3-2 所示的几种。

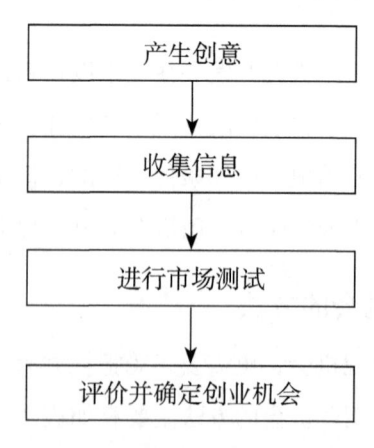

表 3-2 发掘创业机会的方法

发掘创业机会的方法	具体阐述
通过系统分析发现机会	多数机会都可以通过系统分析得以发现。人们可以从企业的宏观环境（政治、经济、法律、技术等方面）和微观环境（顾客、竞争对手、供应商等）的变化中发现机会。借助市场调研，从环境变化中发现机会，是机会发现的一般规律
通过利用变化把握机会	变化中常常蕴藏着无限商机，许多创业机会产生于不断变化的市场环境。环境变化将带来思想观念的转变、产业结构的调整、消费结构的升级、政府政策的变化、居民收入水平的提高等。任何变化都能激发出新的创业机会，需要创业者凭着自己敏锐的嗅觉去发现和创造
通过问题分析发现机会	问题分析时首先就要找出个人或组织的需求及其面临的问题，这些需求和问题可能很明确，也可能很含蓄。创业者可能识别它们，也可能忽略它们。问题分析可以说是识别机会的基础。这个分析需要全面了解客户的需求，以及可能用来满足这些需求的手段
通过客户建议发现机会	一些新的机会可能会由客户识别出来。客户建议多种多样，最简单的是一些非正式建议。他们还可以有选择地采取非常详尽和正式的短文形式。例如，如果客户是一个组织，巨额支出就得包括在内，一些组织在将他们的需求"反向推销"给潜在的供应商的过程中非常积极。无论使用什么样的手段，一个讲究实效的创业者总是渴望从客户那里征求想法

（三）发掘创业机会的过程

具体来看，创业机会的开发一般经过如图 3-2 所示的发展过程。

产生创意
↓
收集信息
↓
进行市场测试
↓
评价并确定创业机会

图 3-2 发掘创业机会的过程

三、创业项目的选择

（一）创业项目与创业者的匹配

创业活动是创业者与创业机会的结合，影响创业机会识别的因素，既有主观因素，也有客观因素。由于创业者个性特质的差异，更由于各个创业者所面临的创业环境和资源约束条件的不同，创业者尽管发现了创业机会，但这并不意味着要创业，更不意味着成功就在眼前，因为并非所有机会都适合每个人。

1. 判断创业机会是否适合自己的主要依据

判断创业机会是否适合自己的主要依据在于个人特质与机会特征的匹配。一方面，创业者识别并开发创业机会；另一方面，创业机会也在选择创业者。只有当创业者和创业机会之间存在着恰当的匹配关系时，创业活动才最有可能发生，也更有可能取得成功。

2. 个人特质和机会特征匹配理论

个体能否感知到创业机会的存在，取决于个人是否拥有先前经验和特定知识，并用其去甄别外部信息，这意味着掌握特定领域的知识对识别创业机会至关重要。从个人特质和机会特征匹配的视角看，创业机会识别过程大体可分为以下两个阶段。

（1）识别"第三人机会"阶段。"第三人机会"是指对于某些市场主体而言感知到的某种潜在机会。创业者依据先前经验和认知因素，对外部信息进行收集、分析和甄别，通过增补型匹配、互补型匹配和结构型匹配三种匹配方式，识别出第三人机会。

（2）识别"第一人机会"阶段。"第一人机会"是指对于创业者本人而言有价值的机会。根据创业意图理论，创业者在考察创业机会时会重点考察机会特征中的赢利性和不确定性，而机会的创新性与机会的赢利性和不确定性密切相关，同时创业者个人的认知因素、成就需要、自我效能感也有所区别。因此，在识别出"第三人机会"的基础上，若该机会的创新性、赢利性和不确定性程度，能与特定创业者个人特质中认知因素、成就需要和自我效能感相匹配，那么创业者就可能感知和识别出"第一人机会"。如果两者不能匹配，那么，创业者就会放弃"第三人机会"。可见，创业机会是否适合自己的主要依据在于个人特质与机会特征的匹配。

（二）创业项目选择的过程

创业项目的选择一般需要经过如图3-3所示的几个步骤。

```
创业环境分析
    ↓
创业市场调研
    ↓
创业机会评估
```

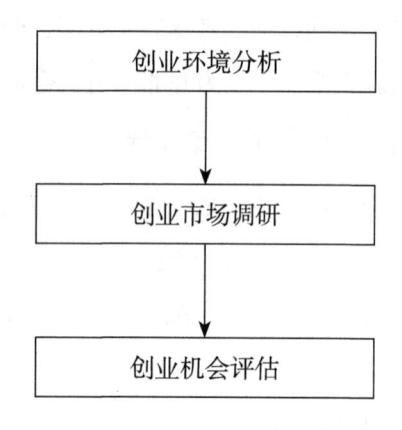

图3-3 创业项目选择的过程

1．创业环境分析

创业环境是指创业者周围的境况，是在创业者创立企业的整个过程中，围绕着新创企业生存和发展变化，对其产生影响或制约新创企业发展的一系列外部因素及其组成的有机整体。在选择创业项目之前一定要对创业环境进行分析。

2．创业市场调研

创业市场调研是指为创业项目的相关决策提供依据或者为验证创业决策中的相关推断和策划而进行的各种市场信息的收集、整理、分析与应用的过程。创业市场调研的内容主要包括以下几个方面。

（1）行业调研。创业者对自己即将从事的行业，需要有全面、充分、系统、细致的考察与评估。比如，即将进入行业的主要的合作商和客户是谁？未来的发展趋势如何？只有对此类问题有了深入的了解，创业者才会知道如何更好地进入特定的市场。

（2）政策调研。创业者只有熟悉政策，利用好政策中对自己有利的因素，规避不利因素，才能少走弯路，从而更快地让企业启动起来。

（3）客户调研。进行客户调研就是了解客户需求的过程，了解即将开发的产品和服务能否满足客户和市场的需求。

（4）商业模式调研。商业模式就是企业通过怎样的模式和渠道来盈利。只有对此有一定的了解，才能在确立自己企业的商业模式时有所借鉴、扬长避短。

3．创业机会评估

创业机会评估的一个重要部分是创业机会与创业者的匹配问题，常规的市场研究方法不一定对创业机会评估完全适应，特别是对原创性创业机会的评价，初次创业者必须牢记以下关键内容。

（1）确立目标。只有产品或者服务被市场看好时，人们才会来购买它，企业才会有收益，也才可以扩大业务。要先确立自己可达到的目标，然后再去实现这些目标。现代市场，是需求决定产品而不是产品决定需求。

（2）问卷调查。如果条件允许，可以在目标市场中对未来的客户群做一次针对性的问卷调查。对未来的产品以及服务进行一个详细的描述，在问卷调查中，主要调查客户对它的反映，通过这个调查报告，进一步对这个项目的可行性进行确定。

（3）商机评估。如果一个创业项目在经过商机评估之后的结果不够完美，市场的竞争并不十分理想，或者是在对客户进行调查时发现经营的设想并不被大家看好，并不代表不可以创业，而是意味着需要对这个创业项目进行重新设计。

（4）分析对手。

第一，对客户的需求和竞争对手的情况做一次深入的分析。

第二，推出符合市场需求的产品或服务。

（5）做出特色。以市场需求为导向，了解竞争对手的优势和劣势。只有对项目所在的行业了如指掌，才能在同类产品中脱颖而出，做出特色。产品只有与众不同，企业在市场上才可以立足。

（6）求教咨询。多和有经验的成功创业者进行交流与沟通，从中学习他们创业过程中的经验和教训。一个成功的企业家，往往会将一些系统的、实用的建议传递给创业者，从而将创业者引向成功之路。

四、创业计划的制订

创业计划又称为创业计划书，是创业者在创业初期为企业勾画的蓝图。

（一）创业计划的作用

1. 创业计划是创业者的一面镜子

创业计划是创业者为自己开拓事业而量身定制的一面镜子，在撰写创业计划书的过程中，创业者必须冷静而谨慎地对自己和即将开始的创业活动进行全面审视，包括政治、经济、文化环境，产品或服务是否符合市场需求，企业可持续发展的战略等。

2. 创业计划为企业经营活动提供依据与支撑

创业计划书是为企业发展所做的规划，企业的创立与成长需要由创业计划书引领。创业计划书的主要构思围绕企业，主要内容更离不开企业，如资金规划财务预算、产品开发、投资回收、风险评估等，都与现实目标及企业发展休戚相关。因此，创业计划书是企业经营活动的有力依据和有效支撑，对创业行动具有指导意义。

3. 创业计划是投资者决定是否投资的重要参考

从融资角度来看，创业计划书通常被喻为"敲门砖"。在一份详细完备的创业计划书中，往往包含了投资者所需要的信息，如创业企业的现实业绩和发展远景，市场竞争力和优劣势，企业资金需要现状和偿还能力以及创业者及其团队的能力和阵容等。这些都是投资者关心的重点，是他们衡量创业企业实力和潜力的依据，并以此作为是否对创业企业进行投资的重要参考。

4. 创业计划是创业团队及合作者共同奋斗的动力和期望

创业计划书是连接创业者理想与现实的桥梁。创业计划书中关于创业企业的预期目标、战略设定、进度安排、团队管理等方面都是创业者理想的具体化图景，是创业团队奋斗的动力。明晰的创业计划书有助于统一思想和路线，有助于创业团队成员的步调一致。创业计划书是合作者的"兴奋剂"，能让创业者及其合作者紧密团结在一起，同甘共苦，打拼未来。创业计划书还是亲缘纽带的"黏合剂"，优秀的创业计划书可以让创业者赢得亲友的信任与支持，坚定创业者在艰难创业路上的信心与勇气。

5. 创业计划是对资源进行整合的重要过程

撰写创业计划书前，必定要对创业过程进行全面思考，完成自我评估、市场调研、产品研发、市场定位等。创业计划书的撰写实际上是对这些创业过程中各种凌乱、分散的信息和要素进行充分的研究，找出它们内在的联系，对它们进行调整和重组，实现有机承接，形成完整流畅的商业运作计划。并且，在这个过程中，创业者要对社会资源进行分析和运用，充分利用优惠政策、行业人脉等获得创业平台和资金，真正做到整合各方面资源，胸有成竹地开创事业。

6. 创业计划是创业者展示产品和服务的载体

一份优秀的创业计划书，不仅能使投资者看到创业者的潜力和决心，也能让有识之士看到希望和未来，将志同道合的人吸引到创业的团队中来，打造属于这一群人的梦想舞台，实现他们的人生理想。一份具有前瞻性的创业计划书意味着创业战略能够顺利展开，企业可以稳步发展，投资者和员工利益能够得到有效保障。而缺乏战略思考能力和良好部署的创业者必将在创业过程中因遭遇环境、经济、技术、人员等变化导致应对无措，无法适应激烈的市场竞争，最终被淘汰。因此，只有具有长远目光和战略思考能力的创业者，才能获得投资者和创业团队内部成员的支持。

（二）创业计划书的基本内容

创业计划书在创业活动实践中，形成了相对规范的格式。创业计划书在结构上主要可分为如表3-3所示的几个部分。

表 3-3　创业计划书的基本内容

基本内容	具体阐述
封面	封面上应写明以下内容： 第一，指出是某企业创业计划书； 第二，注明企业地址、通信方式； 第三，指出企业的指定联系人的姓名和电话； 第四，注明相应的完成日期
扉页	扉页应向意向投资人出具关于本创业计划书的保密须知或守密协议，其目的是保证创业计划书中的内容不被外传和泄露
目录	目录标明创业计划书各部分内容及页码
摘要	摘要应从正文中摘录出主要的、核心的、让阅读者关心的问题，一般包括企业介绍、产品或服务范围、市场概貌、营销策略、生产管理计划、销售计划、管理者及管理方式、财务计划、资金需求等
正文	正文是创业计划书的主体部分，应分别从企业基本情况、经营管理团队、产品或服务，技术研究与开发、行业及市场预测、营销策略、产品制造、经营管理、融资计划、财务预测、风险控制等方面对投资者关心的问题进行介绍
附录	附录是对正文中涉及内容的补充，对一些相关数据、资料进一步说明、介绍、解释。比如，企业的章程、市场调查问卷、调查分析、合同、知识产权的证明等

需要注意的是，创业计划书一般不要超过 50 页，应该尽可能简短而且内容全面，因为投资者经验丰富但时间有限，一份有效的创业计划书应该能很快吸引投资者，进一步识别创业计划书中所涉及的关键性的核心问题。因此，创业计划书在撰写的过程中也要考虑阅读者的感受，不要过于虚华或夸张，要让投资者看到创业者的风险意识、认真负责的态度，智慧地展示创业者的创业思路与预期成果。

（三）创业计划书的撰写原则

创业计划书的撰写并不是随意的，要想保证创业计划书的合理性，需要依据一定的准则，如表 3-4 所示。

表 3-4　创业计划书的撰写原则

撰写原则	具体阐述
实事求是原则	创业计划书不是凭空创造的，也不是从书本来的，而是要从客观的实际条件出发，用充足的实际资料和客观的数据作为证据，这样也就是在创业计划书撰写中坚持了实事求是的原则
可行性原则	创业计划书是创业者制订的创业行动计划，因此必须坚持可行性原则，使其具有可操作性。尤其是营销计划、研发计划、经营风险及措施、组织结构等，都不能仅仅靠书本知识，而应该付诸实践
诚恳原则	诚信是双方展开合作的前提。撰写创业计划书的关键是在论述时不夸大其词、不本末倒置，而应该坚持诚恳原则，因为夸大其词的描述会让阅读者感到反感，从而丧失合作的信念
市场原则	在资源配置中，市场起着决定性的作用。创业绝不能是创业者想当然地做事情，而应该逐渐走向市场，在市场中获得信息与资源。这是因为企业的创业机会多是从市场来的，各种要素也是从市场来的。总体而言，市场是企业生存的前提与基础，一切与市场脱离的计划书都是没有价值的计划书。因此，创业计划书需要以市场为导向，对市场的现状与走势有清楚的把握，对市场的商机进行分析，并明确其风险

（四）撰写创业计划书应避免出现的问题

撰写创业计划书应避免出现的问题如表 3-5 所示。

表 3-5　撰写创业计划书应避免出现的问题

问题	具体阐述
过分乐观	对创业的前景盲目乐观，对可能出现的问题分析不足
数据没有说服力	采用的数据、资料过于笼统，缺乏说服力，或者有的数据不是在认真、详细的调查基础上得到的
概要部分太长且松散	概要是创业计划书的精华部分，有些计划书怕说不完、说不清，结果这部分篇幅很长，内容又松散、不紧凑
忽略竞争威胁	有的创业计划书不谈竞争，或者干脆认为自己的创业计划书"没有竞争对手"。这都是不能客观分析、正确对待事物的表现，是很危险的
不专业或太花哨	创业计划书缺少封面、联系信息；在设计上与产品或服务关联性不强，过于花哨或凌乱

续表

问题	具体阐述
产品或服务导向缺乏应有的数据	对产品或服务不能提供有效的数据支撑,而只是简单的语言描述
滥用资料而无针对性	有的创业计划书在撰写时把自己能够掌握的资料都用上,担心阅读者不重视。事实上,这样重点不突出反而会给阅读者增添不信任感
写作风格和分析深度不一致	创业计划书应该是完整的一个体系,从头至尾风格应该统一;应该突出重点、内容全面,对于关键问题、重点问题不能避重就轻、敷衍了事

第四章 大学生就业能力提升策略研究

第一节 大学生就业能力的提升策略

大学生就业能力的提升是一个长期而曲折的过程，也是一个系统工程，需要长期坚持不懈的努力，需要大学生加强自身自觉性，更需要政府、学校、家庭和企业的共同努力，形成合力，共同促进大学生就业能力的提升。

一、发挥大学生主体作用

大学生是提升就业能力的主体，应充分增强其主体自觉性，自觉地加强知识和技能的学习，端正人生态度，强化个人道德修养。

（一）增强主体自觉性

主体自觉性是人的主体性的重要特征，是指主体自觉自愿地执行或自主自愿地追求整体长远目标任务的程度。在就业能力提升中，大学生是当之无愧的主角，是主体，要充分发挥大学生主体作用，增强其主体自觉性。

主体自觉性包括思想自觉和行动自觉两个方面。在提升就业能力方面，大学生应充分认识其重要性，从思想自觉和行动自觉两个方面做起，以思想自觉为基础，用思想自觉引领行动自觉。

1. 增强主体自觉性应先从思想自觉开始

所谓思想自觉，是指从思想上认识到事物的重要性，从思想上对事情引起重视，进而成为一种自觉。因为思想是行动的指南，一切事情的开展一定是从思想开始，以思想为起点。思想和思想自觉极其重要。从提升大学生就业能力来讲，增强思想自觉性应首先认识到提升就业能力的重要性。就业能力是一个人发展的关键，关系着个人的事业发展和幸福生活。大学生应从思想上认识到提升就业能力的重要性，认识到提升就业能力的紧迫性，认识到提升就业能力不仅事关个人发展还关系到企业的发展和社会的进步。就业能力并不是单指从学校毕业后找到第一份工作的能力，而是一种持续的参与就业、开展工作的能力。没有较强的就业能力将不能很好地就业，也不能持续地就业，甚至可能失业；若人们的就业能力不强，将深刻地影响社会发展和进步。对大学生而言亦如此。只有从思想上认识到提升就业能力的重要性，大学生才能对此引起重视，进而激发自身内在动力，增强自觉能动性，着力提升自身就业能力。增强思想自觉性还应增强提升就业能力的决心。提升就业能力是一个长期的过程，不可能一蹴而就；提升就业能力也是一个曲折的过程，不可能一劳永逸，需要每个大学生长期持久地去做，需要他们克服种种困难去做。尽管提升就业能力任重道远、困难重重，但是必须去实践。"世上无难事，只怕有心人"，只要大学生肯付出时间和努力，增强提升就业能力的决心和信心，目标就一定能够得以实现。

2. 增强主体自觉性还应以思想自觉引领行动自觉

以思想自觉引领行动自觉，即用思想指导行动。行动自觉的要义在于自己有所认识而主动去做一件事。思想是行动的先导动力，以思想自觉引领行动自觉提升大学生就业能力，就是要求大学生勇于实践。实践是人们能动地改造和探索现实世界一切客观事物的社会性活动，是社会发展的普遍基础和动力。"实践出真知"，光有思想，没有行动和实践是不行的，万事只有行动和实践了，只有勇敢地去尝试了，才能有所收获。大学生提升就业能力也是如此，大学生应积极行动，大胆尝试，围绕就业能力众多要素——训练和践行，才能有所收获。反之，就是纸上谈兵，只会成为思想上的巨人和行动上的矮子。以思想自觉引领行动自觉提升大学生就业能力，就是要求大学生从小事做起，先易后难，将思想落到实处。提升大学生就业能力并不是一件简单的事，而是一个系统工程、长期工程。因此，大学生在提升就业能力时可以由易到难，由简到繁，由浅入深，循序渐进；而不是囫囵吞枣，盲目期望"一口吃出个胖子来"。以思想自觉引领行动自觉提升大学生就业能力，其间必定会碰到艰难险阻，但大学生不能在遇到困难和挫折时轻言放弃，而要持之以恒地去践行，方能有所收获。

（二）加强知识和技能学习

知识和技能是构成就业能力的重要因素，是影响就业能力提升的重要因素，也是大学生提升就业能力的基础。大学生加强知识和技能学习，实质上便是要求掌握好各类知识和利于个人职业发展的相关技能。

知识学习即知识掌握，是指知识传递系统中个人对知识的接受和占有。从大学生提升就业能力层面而言，知识的学习既包括对专业理论知识与通识性知识等两类知识的学习和掌握，又包括对知识的领会、知识的巩固与知识的应用三个环节的学习和掌握。

1. 知识学习

从知识分类来讲，大学所学知识可以分为专业理论知识和通识性知识两类。其中，专业理论知识是从事专业工作的必备知识，是求职就业过程中用人单位最看重的知识。毫不夸张地说，专业理论知识是大学生的根本，是今后立业的饭碗，同时也是大学生在校期间花费大量时间和精力学习的知识。正是基于此，大学生要想提升就业能力，必须要学好专业理论知识。只有学好了专业理论知识，才能为今后的工作打下坚实的基础。如果一个大学生专业理论知识学习和掌握得不扎实，就难以胜任未来的工作岗位，更谈不上有好的职业发展。通识性知识是相对于专业理论知识而言的，是指非专业、非职业性的知识，是专业之外的一些实用且有益的知识。个人发展离不开精通的专业理论知识，更加离不开广博的通识性知识。广博的通识性知识可以培养和健全大学生人格，拓宽其眼界和视野，开拓其思想和思维。体育、艺术、文化、历史、政治等是通识性知识的重要方面，大学生通过广泛涉猎这些知识，可以起到提升素质和实现大学生全面发展的作用，是提升就业能力知识学习的重要部分。

从知识学习的过程来讲，学习知识包括对知识的领会、知识的巩固和知识的应用三个环节。知识的领会是指了解学习知识的意义，懂得所学知识的内容。知识的领会是学习和掌握知识的首要阶段,是知识输入和加工的阶段,如果缺乏领会意识则根本不能掌握知识,如果领会的水平较低或不够全面,或是有错误,则这种知识就难以应用。知识的巩固是指对已领会知识的持久记忆,由识记、保持、再认与重现组成。知识的巩固是人获得新知识、积累知识经验的重要方法,它以知识领会为基础,主要通过人的记忆得以实现。知识的应用是指依据已有知识去解决有关问题,由审题、联想、解析及课题的类化等彼此相联系的智力活动来完成。人通过知识的应用来检验对所学知识的掌握程度,深化对知识的理解和巩固,培养自身分析问题、解决问题的能力,进而调动自身学习的自觉性和积极性。知识的领会、知识的巩固和知识的应用是知识学习循序渐进的过程,也是从易到难的过程,缺一不可。大学生对知识的学习也应遵循这一过程,首先应认真领会知识,理解其真实含义;再通过多次记忆,在头脑中将领会的知识不断加以巩固,继而主动在实际生活中运用所学知识去解决现实中的困难,从而充分应用这类知识,以便得到进一步的检验、充实和理解。

2. 技能学习

技能是构成就业能力的重要因素,也是影响大学生就业能力提升的重要因素。对技能的掌握一般包括两个方面的内容:一方面是对技能内容的掌握,主要包含对基本技能(如听、说、读、写等)、一般性技能(如解决问题的能力、团队协作的能力等)和职业性技能(如教师的技能、律师的技能等)的掌握;另一方面是掌握技能的方法,即首先掌握一项技能的基础知识,在基础知识熟练的情况下开始践行,在践行中积累经验和教训,继而用经验和教训进一步运用技能,实现对其的深层次掌握。

对技能内容的掌握在于培养自身听、说、读、写等方面的能力。这些能力是一个人掌握语言的基本技能,也是认识世界的基本技能和必备技能,既可以帮助大学生与人交往、向人学习,也可以帮助大学生感知世界、认识世界,加深对世界和社会的认知。对技能内容的掌握也在于有意识地培养分析问题、解决问题、团队协作等方面的能力。这些技能是人在社会活动和社会实践中必须具备的一般技能,可以保障人正确地认识世界和改造世界。当然一般技能还应包括观察力、记忆力、想象力、思维力、注意力等人类生存和发展所必备的一般技能。对技能内容的掌握还在于有意识地培养职业技能。职业技能是大学生将来就业所需的技术和能力，大学生是否熟练掌握职业技能是保障其顺利就业、保持就业以及在未来职业生涯中取得成功的重要基础和途径。因此，大学生在做好职业规划，确定职业类别后，应有意识地培养和训练自己的职业技能，以便更好地融入职业中，助力未来职业发展。比如，立志从事教育工作的人应掌握教师技能，立志做律师的人应熟练掌握律师技能，立志走上管理岗位的人应掌握管理技能等。从掌握技能所需的方法来看，技能的掌握和知识的掌握有着共同的地方。具体而言，首先，大学生应熟练掌握和理解关于技能的基础知识，在理解的基础上通过反复记忆达到对技能的巩固；其次，在实际工作中，需要不断地练习和实践，通过练习和实践加深对技能的掌握与理解，并在练习和实践过程中不断积累经验与教训；最后，用经验与教训来检验自身掌握的程度，达到对技能的彻底掌握。

（三）端正人生态度

人生态度是人们通过生活实践形成的关于人生问题的一种稳定的心理倾向和基本意愿，是人们对社会生活所持的总体意向，是人们对待人生的态度。人生态度是人生观的主要内容，也是一个人的人生表现和反映。人生态度决定了人生观，积极的人生态度一定会产生积极的人生观，反之亦然。如果一个人有着积极向上的人生态度，他一定会在人生中保持积极进取、乐观向上的精神状态，对生活充满希望和激情，充实地过好每一天，最终会有一个幸福的人生；如果一个人只有消极悲观的人生态度，对什么事都抱着无所谓的态度，那么他必然会心灰意懒地对待自己的生活，最终只会拥有碌碌无为、消极沉沦的人生。大学生端正人生态度是学习、生活和工作的基础，是提升就业能力的重要内容。

大学生要端正人生态度，首先便要弄清楚什么是正确的人生态度。大学生正确人生态度的主要内容包括有理想信念、认真务实和乐观进取。

1. 有理想信念是大学生正确人生态度的重要基石

有理想和信念合称为理想信念。理想是人们在实践中形成的、有实现可能性的、对未来社会和自身发展目标的向往与追求，是世界观、人生观和价值观在奋斗目标上的集中体现；信念是人们在一定的认识基础上确立的对某种思想或事物坚信不疑并身体力行的精神状态。理想信念是人的精神世界的核心，是人精神上的"主心骨"。没有理想信念，或者理想信念不坚定，精神上必定会缺失"主心骨"。理想信念能够指引人生的奋斗目标，提供人生的前进动力，提高人生的精神境界。大学生树立正确的人生态度要先有崇高的理想信念，确立马克思主义信仰、胸怀共产主义的远大理想、践行中国特色社会主义共同理想、助力实现中国梦是大学生应具有的崇高的理想信念。具有了这些崇高的理想信念，便可以引导大学生做什么样的人，指引大学生走什么样的路。

2. 认真务实是大学生正确人生态度的关键内容

认真务实是一种积极的人生态度，它告诉我们应认认真真、脚踏实地、实事求是地对待生活，不能马马虎虎、敷衍了事。对于大学生而言，认真务实的人生态度包括应有明确的人生目标，且积极认真地面对人生目标，不能得过且过、游戏人生，要努力实现自身价值；不仅要对自己负责，还要对他人负责，对集体、社会、国家负责，做一个负责任的人、有益于国家和社会的人；应以认真的态度过好人生的每一天，尽好自己的每一份责，不虚度人生。认真务实的人生态度其实是告诉我们不能好高骛远、眼高手低或浅尝辄止，要结合自身实际情况，从自身条件出发，正确地看待自身和人生，踏实、务实地做好每一件事，并且要从身边做起，从小事做起，一步一个脚印脚踏实地地实现自己的人生目标。

3. 乐观进取是大学生正确人生态度的核心内容

乐观进取是指乐观向上、积极进取、对人生充满自信、力争有所作为，是人们克服困难和挫折的心理基础。乐观进取的人生态度能使人充满朝气、充满活力、充满进取的精神，是大学生成功的催化剂。人生丰富多彩，但并非一帆风顺，大学生处于人生特定的成长阶段，或多或少会面对学习、就业、恋爱等方面的困难与挫折。面对这些困难与挫折，应始终保持乐观向上的人生态度，积极面对它们，想办法去克服它们，而不能被困难与挫折打倒；应积极进取，不能满足于现状、因循守旧，要不断丰富自己人生的意义；要始终保持蓬勃朝气，发扬自强不息的精神，在创新创造中不断书写人生的新篇章。人生是一场长跑，也是一个创造的过程，大学生应持之以恒，不能贪图安逸。

有理想信念、认真务实和乐观进取的人生态度不是与生俱来的，也不是天然形成的，而是需要掌握正确的方法，长期养成的。勤学习、不怕苦、肯实干是大学生端正人生态度的正确方法。

学习是指通过阅读、听讲、思考、研究、实践等途径获得知识和技能的过程。勤学习即勤于学习，通过学习帮助大学生树立崇高的理想信念，养成认真务实的习惯，形成乐观进取心态。当然，人生道路上总是充满坎坷、布满荆棘，大学生不仅要勤学习，还要能够不怕苦、肯实干，方能求得真学问，形成正确的人生态度。总而言之，大学生要形成正确的人生态度不是靠纸上谈兵就可以轻松得来，而是一分耕耘一分收获，要依靠大学生一点一滴的苦干实干、脚踏实地，才能慢慢形成。

（四）强化个人道德修养

道德和品行作为大学生就业能力最为重要的构成要素，极大地影响着就业能力的提升。道德和品行的习得离不开环境的影响，离不开他人的教育，但更在于个人的习得，也就是传统意义的自我道德修养。道德修养是一种道德实践活动，是个人根据现行的道德原则和道德规范自觉地锤炼自己、改造自己，不断提升自身精神境界的长期过程，也是一个自我内化的过程，是依靠个人自身的道德信念，经过长期道德学习、磨炼、陶冶和自我道德完善的过程。

1. 强化个人道德修养的意义

大学生是国家的希望、民族的未来，是实现中华民族伟大复兴的重要力量。因此，大学生强化自我道德修养，对大学生自身和社会发展都具有重要的现实意义。

对于大学生个人而言，强化个人道德修养意义重大。道德品质直接影响着大学生的一言一行，一个人只有具备崇高的道德理想信念、合理的道德观念及较强的道德判断、选择能力和自律能力，才能履行应尽的道德义务。道德品质高尚的人，他们的行为一定是积极向上、利人利己的；反之，道德品质败坏的人，一定会见利忘义、损人利己。因此，大学生只有自觉地强化自我道德修养，不断提升自身道德水平，提高自身道德品质，个人才能沿着正确道路不断前进和奋斗，在个人职业生涯中取得成功。

强化大学生的个人道德修养对社会发展同样意义重大。一方面在于人的道德品质是社会道德的基石，只有社会中的每个成员的道德素质得到提高，整个社会的道德水平才能提高，社会才能更好地发展；另一方面在于大学生作为接受高等教育的群体，其道德素质代表着国家未来道德水平高低。因此，大学生应强化个人道德修养，通过自身道德行为来感染和影响周围的人，进而推动社会道德水平的进一步提升，为社会精神文明建设贡献自身力量，为社会主义现代化建设和富强、民主、文明、和谐、美丽的国家建设贡献力量。

大学生要强化的个人道德修养的途径很多，其中关键在于大学生能够做到明大德、守公德、严私德。具体而言，明大德就是要讲道理，讲方向，讲根本。大学生明大德就是要始终做到听党话、跟党走。公德就是公众之德、公权之德和工作之德，是人们维系相互关系的纽带以及安身立命的根基。大学生守公德就是要自觉遵守社会公德和职业道德，秉承全心全意为人民服务的精神积极投身到社会发展和国家经济建设中去。私德是指家庭美德和个人品德，是个人的基本操守。严私德对于大学生而言就是要严格约束自己的操守和行为，坚持从小事小节上加强修养，从一点一滴中完善自己，努力提升自身的道德品质。

2. 强化个人道德修养的方法

强化个人道德修养作为一种将学习和实践融为一体的活动，需要有正确的方法。学思并重、慎独自律和知行合一是大学生强化个人道德修养的重要方法。

学思并重是指学习和思考要同时兼备，同等看待。学和思相辅相成，相互依存。学是思的前提，只有在学习基本知识后，再加上自己的思考，才能形成自己的看法；思是学的补充，通过思考，可以更加深刻地去学习，使得对事物的认识更加全面。大学生在强化个人道德修养时，要通过对道德知识、修养内容、方法、要求及原则的学和思，不断提高个人的道德认识水平和道德判断能力，主动将外在道德规范要求内化为自身的道德信念和追求，最后形成良好的道德品质。向模范榜样学习也是学和思的重要内容。榜样的力量是无穷的，先进道德典型的优良品质和榜样的示范具有极大的感召力与感染力。大学生以道德品质高尚的人作为自己的学习榜样，循序渐进、从小事做起，塑造自己优良的道德品质。

"慎独自律"中的"慎"是指小心谨慎，随时戒备；"独"是指独行，独自行事；"自律"是指在没有人现场监督的情况下，通过自己要求自己，自觉遵守法度，并用它约束自己的一言一行。道德修养的慎独自律是指在个人独处、无人监督的情况下，也能坚守道德信念，约束自己的言行，自觉地按照一定的道德规范行动，不做不道德的事。具体而言，大学生慎独自律就是要在隐、微和终上下功夫。"勿以善小而不为，勿以恶小而为之"，在细微隐蔽之处的表现更能显示一个人的品质；"慎终如始，则无败事"，做事谨慎小心，坚持始终如一，才不致功败垂成。所以，大学生在强化个人道德修养的过程中，应始终坚守自己的道德信念，对自己的言行小心翼翼，坚持始终如一，特别是在别人看不到、听不见、管不着的地方自觉按照道德规范行事，不做任何不道德的事，始终做到独善其身。

"知行合一"中的"知"是道德认识、道德认知，"行"是道德行为、道德实践。道德修养的知行合一就是既要提高对道德的认知和认识，也要践行道德实践。道德修养的特点决定了强化个人道德修养的过程是一个知行合一的过程，强化个人道德修养要坚持理论与实践相结合，不能闭门造车。如果大学生只有道德知识而不重视道德实践，那一定无法成为一个道德品质高尚的人；同样，大学生只重视道德实践而缺乏道德知识作指导，也一定不能成为一个道德品质高尚的人。知行合一贵在知与行的统一。道德行为是一种自觉、自知的行为，也是一种理智的行为，而理智的行为必须是以正确的道德认知为前提的。道德修养中的知与行，在道德行为实践的基础上得到了统一。因此，大学生在强化个人道德修养的时候，既不能只注重道德认知而忽视道德实践，也不能只注重道德实践而忽视道德认知，而应该将知和行统一起来，把正确的道德认知转化为道德实践，并在道德实践中强化自己的道德认知，做到知行合一。

二、发挥高校主导作用

人才培养是高校的重要职责之一，大学生就业能力培养是人才培养的重要内容，也是培养时代新人不可或缺的内容，因此高校在培养大学生就业能力中扮演着重要的角色，发挥着主导作用。大学生就业能力培养是人才培养的重要一环，如何抓好这项工作，是高校工作的重要立足点。

（一）完善保障机制

保障机制是为管理活动提供物质和精神保障的机制。大学生就业能力培养是一个长期的过程，更是一项复杂的工作，不是一个部门、一个单位短时间内可以完成的，需要成立专门的工作机构，发挥各自的力量，开创齐抓共管的局面；需要建立长效机制，整合各方资源，在人力、财力、物力等方面提供支持；形成闭环管理，切实提高大学生就业能力。

1. 开创齐抓共管的局面

齐抓共管是通过将具有不同职能但又与工作相关的不同部门组织起来，充分发挥各自作用，团结协作，层层负责，共同抓好一项工作的过程。齐抓共管避免了单兵作战和单个职能的分割，将大家组成一个共同体，发挥团队协作功能。大学生就业能力培养是一项系统工程，不仅要从大学生思想教育抓起，也得从教学活动等方面抓起；不仅是组织、宣传、学生工作等党务部门的事情，也是教务等管理部门的事情；不仅是少数职工的专职工作，也属于大多数教师的工作范畴。因此，培养大学生就业能力需要就业管理、党群、后勤等众多部门参与其中，并团结协作，齐抓共管，形成合力。学校应形成由党委统一领导，宣传、学生工作、教务、后勤等多个部门通力合作的工作体系，形成学校、学院、班级三级工作体制。具体而言，可以由学校和有关部门领导组成大学生就业能力提升领导小组，在相关职能部门职责中增加相关内容，学院则成立具体工作小组，共同指导各个班级的就业工作。三级衔接机构各司其职、上下协调，为大学生提升就业能力提供重要的保障。

2. 整合各方资源

整合各方资源是指组织对不同来源、不同层次、不同结构、不同内容的资源进行识别与选择、汲取与配置、激活与有机融合，使其具有较强的柔性、条理性、系统性和价值性，并创造出新的资源的一个复杂的动态过程。整合各方资源的实质是优化配置，是一个组织通过组织协调，将内部彼此相关但却彼此分离的职能，以及外部参与其中而又具有独立利益的合作伙伴整合在一起，发挥"1＋1＞2"的效果的过程。大学生就业能力培养是一项系统工程，不仅需要多个部门的合作，更需要大量的资源投入。因此，不仅需要将部门整合，还需要将现有资源进行合理整合，以便发挥合力作用。高校培养大学生就业能力需要整合学校内部资源，主要包括人力、财力、物力等资源。人力资源是学校内部资源的重要内容，学校需要整合各部门人员，分工协作，共同致力于大学生就业能力培养；大学生就业能力培养需要大量的财力资源，需要向各方争取财力支持，加大资金投入，助力大学生就业能力的提升；大学生就业能力培养需要大量的物力资源，学校应加快教学设施、生活设施、娱乐设施的建设，改善学生的学习、工作、生活条件。除此之外，学校还应加大软环境的投入和治理。比如，加速学校软环境建设，提升校园文化品位；结合学生自身特点开展学术论坛、专题讲座、校际学术交流等活动，营造浓厚的学习氛围；举办丰富的文艺活动，培养学生乐观向上的生活态度和健康愉悦的生活情趣，发挥校园环境在育人中的感召作用，提高他们的综合素质。当然，学校还应整合校外资源，争取政府的财政支持，加大投入力度；吸纳社会力量，积极投身到大学生就业能力培养中来；加大校企合作，通过企业参与增强大学生就业能力培养的实效性；调动大学生家庭的积极性，发挥其主观能动性，共同提升大学生就业能力。

3. 形成闭环管理

形成闭环即形成反馈控制系统，通过对反馈所得的偏差的分析，指导并调整系统的输入，进而使输出值尽量接近于期望值。在培养并提升大学生就业能力的过程中形成闭环管理，离不开决策、控制、反馈、再决策、再控制、再反馈的过程，更离不开确定标准、评定成效、纠正错误、调整计划等步骤。首先，需要学校领导小组制定标准、制定政策、作好决策；其次，需要各部门在决策和标准的基础上通力合作、严格执行，扎实有效地开展工作；再次，培养得好不好，质量高不高，需要相关部门和相关人员通过走访、座谈、调查等方式评估其成效，反馈至学校和相关部门；最后，学校和相关部门根据评定的结果，总结好的经验和需要改进的地方，纠正过程中的错误和不足之处，制定出切实可行的决策和工作方案并要求职能部门和相关单位进一步落实。

（二）改革培养模式

人才培养模式是高等教育领域的基本问题，是高校培养人才的核心。有人才培养，就有人才培养的模式，就业能力培养也不例外，高校提升大学生就业能力培养质量应从改革培养模式开始。

1994年，我国制定并实施《高等教育面向21世纪教学内容和课程体系改革计划》，首次正式使用"人才培养模式"这一概念。1998年，教育部副部长在第一次全国普通高校教学工作会议上对"人才培养模式"作出阐释，提出人才培养模式是人才的培养目标和培养规格以及实现这些培养目标的方法或手段。这是官方首次对"人才培养模式"概念作出阐释。随着社会和时代的发展、技术的变革，我国高等教育不断进步，"人才培养模式"概念也不断地得以完善，并有了新的阐述。现阶段的人才培养模式是指在一定的现代教育理论、教育思想指导下，按照特定的培养目标和人才规格，以相对稳定的教学内容和课程体系，管理制度和评估方式，实施人才教育过程的总和。大学生就业能力培养决定着大学生毕业去向，关乎着高校人才培养质量，理应成为高等教育的重要任务。然而，现实中高等教育更侧重于知识传授，现行人才培养模式以知识传授为主，培养目标、培养环节、培养过程均以知识传授为重，在一定程度上忽视了对大学生就业能力的培养，制约了大学生就业能力的提升，理应予以改革。对此，可以从以下三个方面着手进行。

1. 将提升就业能力上升为大学生培养目标的重要内容

培养目标是高校根据自身的性质、任务制定的具体培养要求，是人才培养模式中最核心的要素，代表着人才培养的方向。培养目标的制定应从学生和社会需求出发，一切为了学生，为了一切学生。就业能力作为大学生事业发展的重要支撑，是大学生亟待提升的能力，也是大多数学生心中所盼，理应成为高校人才培养目标的重要内容。将提升大学生就业能力上升为大学生培养目标的重要内容，就是要求高校在专业设置上紧紧围绕市场所需，主动对接企业，以助力经济社会发展为要；既要瞄准"十四五"规划所需的人工智能等前沿领域，也应聚焦新一代信息技术、生物技术、新能源、新材料等产业，围绕国家和地方经济建设发展所需主动谋划，调整专业设置。将提升大学生就业能力上升为大学生培养目标的重要内容，还要求高校在人才培养方案的制订上突出培养就业能力的核心理念。人才培养方案是学校按照人才培养总体要求，组织开展教学活动、安排教学任务的规范性文件，是实施人才培养和开展质量评价的基本依据，它包含了修业年限、职业面向、培养规格、课程设置、学时安排、教学进程安排、实施保障、毕业要求等内容，是人才培养的重要依据。高校在制订专业人才培养方案时，应突出就业能力培养的重要内容，明确职业面向和所需的能力，在课程设置、学时安排、毕业要求等方面将就业能力培养融合进去，紧紧围绕大学生就业能力培养制订详细、完备的专业人才培养方案。

大学生就业能力培养是一项系统工程，不在一时一事，是一个长期积累的过程，需要高校建立完备的制度体系，保障高校在人才培养过程中，将就业能力培养作为一项制度长期贯彻下去，常抓不懈。

2. 围绕就业能力打造课程体系

课程是学校教师所教授的各门学科的有目的、有计划的教育单元，包括理论课、实践课、必修课、选修课、专业课、通识课等几类。课程体系是由各类课程组成的有机统一体，主要由特定的课程目标、课程内容、课程结构和课程活动方式所组成。课程体系是实现培养目标、落实培养方案的重要抓手，是培养大学生就业能力的主要着力点。大学生就业能力培养不能只依靠一门课程或几门课程，而是要打造系列课程，形成完备的课程体系。首先，学校应站在提升大学生就业能力的高度设计课程体系，巧妙地将育人目标与课程目标相结合，突出育人实效；其次，应在专业理论课中加入与就业能力相关的内容，实现专业理论课的育人功能，扩充大学生专业知识，突出其专业素质；最后，应结合就业能力构成要素，围绕端正人生态度、强化个人道德修养等方面，构建完整的课程体系，供广大大学生选修和必修。与此同时，围绕大学生技能提升设计合理的实习、见习、毕业设计等环节，打造卓有成效的实践课程。当然，课程体系建设是一个不断深入、不断探索、不断改进的过程，需要学校在完整、系统的基础上，设计、构建和实施课程，并在实施过程中不断总结经验，不断改进，最终形成切实有效的就业能力培养课程体系。

3. 有效使用教学方法

教学方法是为了达到一定的教学目标，完成教学任务，在一定教学理念和教学原则下由教学方法指导思想、基本方法、具体方法、教学方式四个层面组成，主要包含教师"教"的方法和学生"学"的方法两个方面的内容。教师"教"的方法主要有以语言为主的教学方法（讲授法、谈话法、讨论法、读书指导法等）、以实践为主的教学方法（实验法、练习法、实习作业法等）和以直观表达为主的教学方法（演示法、参观法等）三类。学生"学"的方法主要包括观察法、归纳法、自主学习法、探究学习法、合作学习法等。大学生就业能力的培养不仅仅在于知识和技能的学习，还包括其他方面，对教师"教"的方法和学生"学"的方法都提出了新的要求。具体而言，教师应针对不同内容开展不同的教法。比如，讲授知识时以语言教学方法为主，辅以实践教学方法；提升技能时，应以实践教学方法为主，以语言教学方法为辅；其他能力的提升则更多地以直观表达的方法为主。学生"学"的方法同样需要灵活调整，实践证明，根据不同的学习内容使用不同的学习方法，学习效果会更好。除此之外，针对就业能力培养，还应充分调动教师和学生两方面的积极性，发挥学生的主体作用和教师的主导作用，让教师在"教"的过程中激励、激发和引导学生，让学生在"学"的过程中有目的、有意识、积极主动地去学习、训练和提升。

（三）强化第二课堂、第三课堂

知识和技能的学习、个人道德修养的强化和人生态度的端正都离不开第一课堂的课堂教学，更离不开各类学生活动、实践活动的开展。各类活动的开展有利于大学生学习丰富的知识与技能，培养良好的道德修养，养成积极乐观的人生态度。丰富活动载体是培养大学生就业能力的需要，是培养全能型人才的需要，更是大学生职业发展的需要。

第二课堂、第三课堂是相对课堂教学的第一课堂而言的，是在第一课堂以外的时间和场所进行的与第一课堂相关的教学活动。第三课堂是近年来出现的一个较新的概念。2017年，浙江大学出台《浙江大学本科生第二、三、四课堂学分管理办法（试行）》，对第二课堂、第三课堂进行了详细的界定。第二课堂是指学生在校内参加的各类实践活动，包括学科竞赛、创新创业训练、素质训练、科学研究、创新实验、学生社团活动、学生工作经历、文体活动等；第三课堂是指学生在校外、境内参加的各类社会实践、就业创业实践实训等活动，以及校内外志愿服务活动。不难看出，第二课堂、第三课堂的有效开展，是大学生就业能力培养和大学生学习成长的重要组成部分，是全面提升大学生综合素质的实践创新平台，是引导大学生树立新观念、增强内生动力、提升大学生就业能力的有效载体。

强化第二课堂、第三课堂的方法主要有以下四种。

1. 通过开展各类党团活动提升大学生思想政治素养

党团活动是指依托各类党校、团校、"三会一课"、形势与政策课、主题党日、主题团日和主题班会等平台开展的活动，在第二课堂、第三课堂中占有举足轻重的作用。各类党团日活动的开展要始终以学习习近平新时代中国特色社会主义思想为核心，把实现中华民族伟大复兴作为鲜明主题，坚持爱党、爱国、爱社会主义教育相结合，提升大学生思想政治素养。从内容上讲，引导大学生深刻认识中国共产党为什么"能"、马克思主义为什么"行"、中国特色社会主义为什么"好"，牢记红色政权是从哪里来的、中华人民共和国是怎么成立的，不断增强道路自信、理论自信、制度自信、文化自信；通过开展爱国主义、集体主义、社会主义教育，提高大学生的思想觉悟、道德水准和文明素养；通过开展传统文化学习，引导大学生树立和坚持正确的历史观、民族观、国家观、文化观，不断增强中华民族的归属感、认同感、尊严感、荣誉感。党团日活动不能拘泥于形式，搞形式主义，应该脚踏实地，不断创新活动形式，更好地使用互联网、新媒体和各类资源，调动大学生参加活动的积极性，增强活动的实效性。

2. 通过开展各类社会实践、志愿服务和校园文化活动引导大学生形成积极乐观的人生态度

社会实践是指大学生在学校参加各类实习实践活动，包括假期实践活动、勤工俭学等。志愿服务是指大学生在不求回报的情况下，为改善他人生活、促进社会进步而自愿付出个人的时间及精力所做的服务工作。校园文化活动是为校园文化建设而开展的各类学生文体等活动，包括社团活动、文艺活动、体育活动、精神文化活动等。学校开展的社会实践、志愿服务和校园文化活动本质上是生活实践的一部分，是大学生形成积极乐观人生态度的关键场所，更是检验大学生世界观、人生观和价值观最直接的"试金石"。参与社会实践和志愿服务活动是教育人、引导人、培养人、塑造人的过程，不仅有利于大学生从实践中优化知识结构，树立正确的世界观、人生观、价值观和荣辱观；还有利于大学生在志愿服务中接触社会、了解社会，更好地服务社会。通过社会实践、志愿服务、公益活动等丰富多样的社会实践活动，广大学生能够更加深刻地理解民族命运，心系国家发展、人民福祉，自觉担当，自觉地端正人生态度。学生通过参加丰富多彩的校园文化活动，诸如体育竞技比赛、登山、游泳等，可以更好地陶冶情操、锻炼身体、放松心情，有助于引导其养成积极乐观的人生态度。

3. 通过开展各类学科和技能竞赛提升大学生技能水平

学科竞赛和技能竞赛是高校第二课堂、第三课堂重要内容，不仅可以考察大学生的智力水平、磨炼大学生的意志，还有利于学生学会自主学习，锻炼动手能力和独立解决问题的能力。动手能力和独立解决问题的能力是大学生技能提升的重要方面。不同的学科竞赛和技能竞赛可以锻炼不同的技能，国家也针对不同的技能开设了不同的竞赛。比如，全国大学生数学建模竞赛和全国大学生数学竞赛就是为了锻炼大学生运用数学解决实际问题的能力，全国大学生化学实验邀请赛和全国大学生化工设计大赛就是为了锻炼大学生实验和设计的技能等。除此之外，各省、自治区、直辖市和高校结合自身实际情况，也开设了各种各样的学科竞赛和技能竞赛，旨在以举办竞赛为契机，将大学生的技能提升融入育人的全过程，提升人才培养质量。

4. 通过开展各类创新和创业活动增强大学生创新和创业能力

创新和创业是引领发展的第一动力。创新能力是在技术和各种实践活动领域中，不断提供具有经济价值、社会价值、生态价值的新思想、新理论、新方法和新发明的能力。创新能力是大学生就业能力的重要组成部分，有助于大学生在今后职业生涯中取得成功。创业能力是指拥有发现和创造一个新的领域，致力于理解新事物的能力，其核心是创新。通过开展一系列大学生创新和创业活动，强化大学生创新和创业能力训练，能够增强大学生创新和创业能力，提升大学生综合素质，不断提高人才培养质量。我国非常重视大学生创新创业能力的培养，不仅实施了国家级大学生创新创业计划，支持大学生提升创新创业能力，还举办了"互联网+"大学生创新创业大赛、"挑战杯"全国大学生创业计划竞赛等创新创业活动。

三、发挥政府、企业和家庭促进作用

大学生就业能力培养是一项系统工程，单靠大学生自身或者高校单方面努力远远不够，也难以取得良好的效果，需要整合多方力量，共同培养。政府、企业和家庭与大学生的成长和发展息息相关，对大学生就业能力培养也具有极大的促进作用。

（一）充分发挥政府促进作用

就业的一头连着经济，另一头连着民生。稳住了就业就稳住了经济的"基本盘"，稳住了社会的"基本面"。高质量就业可以推动高质量发展，支撑高品质生活。大学生就业能力的培养是大学生就业的保障，更是高质量就业的保障。营造良好的发展环境是政府的重要职能，在大学生就业能力培养的问题上，政府应充分发挥自身的优势和作用，为提升大学生就业能力营造良好的环境。

1. 出台政策支持

政府作为国家行政机关，是制定和实施公共决策、实现有序统治的机构，是实施就业优先战略的主体，也是出台稳就业、保就业、推动就业政策的主体，应强化政府责任。近年来，我国各级政府非常重视大学生就业和就业能力提升，从国家层面鼓励大学生到基层就业，积极为中西部地区建设贡献力量，积极推动大学生"大众创新、万众创业"活动，加大对家庭经济困难大学生提供资助和援助等，效果显著。面对大学生就业能力亟待提升的问题，政府应针对就业能力提升出台具体文件和政策，大力促进大学生就业能力培养。当然，出台政策时一方面应做好顶层设计，从多方面进行论证，更需要经过长期的实践和完善；另一方面使政策具备较强的操作性，便于各级政府、部门积极应对，认真执行，最终有益于大学生。

2. 多渠道提供保障

政府应调配足够多的资源，通过多渠道保障大学生就业能力的提升。

其一，强化责任制。为实现大学生就业能力提升，应由政府教育部门和人社部门牵头，强化对企业、高校的领导，压实责任，并将此项工作作为常规工作，常抓不懈，持续不断地加强对大学生就业能力的培养。当然，还应激发市场和企业的积极性，鼓励企业深入高校，加强合作，共同培养大学生就业能力。鼓励大学生积极参与创业和实践活动，通过创业和实践推动就业能力提升，发挥创业和实践带动就业能力提升的倍增效应。压实高校在培养大学生就业能力方面的主体责任，从政策等方面给予大力支持，充分发挥高校的主体作用，更好地服务大学生，助力就业能力提升。

其二，进一步加大资金投入。大学生就业能力提升需要持续的、稳定的资金投入，政府在加大经济社会发展投入时，可以根据稳定和扩大就业需要，根据大学生就业能力培养需要，优先安排资金，并在预算中明确刚性比例。在规划政府投资和引导社会投资时，考量对就业能力培养的产出效果，并将其作为投资重点和先后依据。在公共财政预算支出中，加大对就业政策的扶持，对公共就业服务和公共实训、公共服务和公共实训、公共孵化基地予以重点投入和保障。当然，还需要给予高校和企业设立专项资金，专款专用，切实用在大学生就业能力培养上。

其三，强化对大学生就业能力培养质量的督促检查。建立督查机制，把大学生就业能力培养质量纳入高校领导班子年度考核内容，每年定期予以检查。适时地对各地各高校大学生就业能力培养的质量情况进行督促检查，健全统计核查机制。建立就业能力培养质量倒查机制，委托第三方机构开展质量抽查，对于表现优秀的组织给予奖励，对敷衍了事或不合格的给予批评并督促整改。

3. 营造环境积极引导

环境的营造离不开舆论的引导，充分发挥媒体的舆论引导作用，正确引导社会舆论，营造良好的舆论环境，对大学生就业能力提升产生积极的作用。虽然媒体是一种人们用来传递信息与获取信息的工具、渠道和载体，但其形象的直观性和生动性在大学生就业能力培养中发挥着重要的作用，对人们有着较为直接的影响，特别是媒体的舆论导向作用很明显。在这种形势下，媒体要在引导大学生就业能力提升方面发挥重大作用和履行重要职责，便要唱响主旋律，宣传正能量，要结合传统媒体、网络媒体、自媒体的自身特点和优势，充分发挥它们的长处，大力宣传就业能力的重要性以及就业能力培养的艰巨性，在全社会营造就业能力提升的必要性，引起人们的重视，让每个人都参与到大学生就业能力培养中来。特别是网络媒体、自媒体等新兴媒体，更应充分发挥其优势，以喜闻乐见的形式积极宣传，调动大家的积极性，整合和形成积极向上、健康有序的主流舆论，形成舆论引导合力，助力大学生就业能力培养。除此之外，加强舆论宣传还应做好总结宣传工作和榜样示范作用。例如，开展"普通高校大学生就业创业能力宣传月""全国大学生就业创业榜样短视频展播"等系列活动，大力宣传国家和各地支持高校提升大学生就业能力的政策与措施，营造全社会支持大学生就业能力提升的良好舆论氛围。同时，大力宣传推广提升大学生就业能力的好做法、好经验，以及各地或各校的优秀学生，充分发挥榜样示范作用。

（二）充分发挥企业促进作用

企业是最终接收大学生就业的地方，是检验大学生培养质量和就业能力最重要的场所。大学生就业能力如何，企业最有发言权。大学生是企业未来的希望，其培养质量和就业能力的高低直接影响着企业的发展与未来。因此，企业应高度重视大学生就业能力培养工作，主动融入高校培养大学生的各个环节中，助力大学生就业能力的提升。

企业应高度重视大学生就业能力培养工作。人才是企业最宝贵的人力资源，也是有限的人力资源。人力资源是企业各项资源的重要部分和关键内容，企业的生存和发展离不开人力资源。对于现代企业而言，核心竞争力是生存和发展的基础，拥有核心竞争力的企业能够保持足够优势，实现可持续发展。而企业核心竞争力与人力资源息息相关，良好的人力资源储备有利于提升企业核心竞争力，使企业始终立于不败之地。如果说科技是第一生产力，那么人才就是生产力诸要素中的特殊要素。人才不仅是再生型资源、可持续资源，而且是资本型资源。在现代企业和经济发展中，人才是一种无法估量的资本，一种能给企业带来巨大效益的资本。将大学生作为重要人力资源和人才进行培养是经济发展的必然，企业只有依靠科技进步，依靠人才智力因素的创新与变革，把他们的智慧能力作为一种巨大的资源进行培养、挖掘和利用，才能不断促进科技进步和企业的发展。

企业作为大学生的雇主和使用方，是大学生就业能力的检验者和受益者，应主动承担应有的社会责任，共同开发和提升大学生就业能力。

一方面，企业应主动参与到高校人才培养过程中。人才培养方案是学校落实党和国家关于人才培养总体要求，组织开展教学活动、安排教学任务的规范性文件，是实施人才培养和开展质量评价的基本依据。企业是大学生的雇主和使用方，清楚地了解大学生能力欠缺的地方、高校人才培养过程中有待完善的地方。鉴于此，企业应根据经济社会发展和企业事业发展需求、高校办学特色和专业实际情况，主动对培养目标、培养规格、课程设置、毕业要求等内容提出合理的意见和建议，与高校共同制订专业人才培养方案。例如，企业与高校积极合作，将行业和企业对大学生就业能力的需求，对知识、技能的要求，以及存在的问题充分与高校交流，促使教师在课堂中教学中、实习实训中有意识地培养。当然，企业还可以以物质奖励或资助的方式，激发大学生学习和进行科学研究的热情，努力提高大学生的创新能力、分析问题的能力、解决问题的能力以及实践动手的能力。在校园文化活动、社团活动中，企业可以通过承办活动、参与活动等方式，积极投身到第二课堂、第三课堂中。通过开展丰富多彩的活动，帮助学生提升人际交往能力，形成积极向上、认真负责的人生态度。近年来出现的订单式人才培养模式便是企业根据自身的人才需求及规格向学校下达"人才培养订单"，学校"接单"后，在企业的主导和协作下按"订单"进行人才培养，所培养的人才经企业验收合格后即被企业录用的一种人才培养模式。在大学生就业能力培养环节，企业可以通过与高校深度合作，开展订单式人才培养，有目的地培养大学生就业能力，并在提高大学生就业能力的基础上满足企业的用人标准。除此之外，大学生入职后，企业应密切关注其职业发展状况和就业能力培养状况，将了解的情况主动向高校反馈，以便高校在以后的培养过程中汲取经验，弥补不足。

另一方面，企业应加大与高校在就业指导、实习实训、社会实践等领域的合作力度，提升大学生就业能力。企业拥有就业指导的众多资源。高校可以通过"请进来、走出去"的方式开展有针对性的就业指导。所谓的"请进来"，就是高校聘请资深企业人力资源管理者和企业管理者担任校外指导教师，有针对性地为大学生开展职业生涯规划和就业指导，帮助大学生明确自己的自我定位、就业方向、职业发展方向等，助力大学生有意识地针对自身情况丰富知识和技能，明确人生目的，端正人生态度，自觉地强化个人道德修养，提升大学生的就业能力。所谓的"走出去",就是高校将大学生送到企业,参观企业的办公环境,了解企业对合格员工的要求,参加模拟求职招聘面试,让大学生更直观地感受企业环境和氛围、学习现场模拟面试、掌握求职技巧,了解与目标岗位相匹配的专业素养和综合能力,从而有针对性地培养就业能力,提升大学生就业竞争力。企业还可以与高校共同开发实践平台,建设实习基地,并主动为大学生提供见习、实习、实践机会,提升大学生实践动手能力。大学生创业园、实践教学平台、实习实训基地的建设离不开企业的参与,它们是高校专门用于工程训练和实习的实训基地、实习基地,是大学生提高实践动手能力的重要平台。高校通过这些实践平台,开展教学实习、技能实训、岗位体验、就业实践等活动,有利于大学生在实习期间定位个人发展方向,及时调整自己的职业规划,在提高自身就业能力的基础上满足企业的用人标准。

(三)充分发挥家庭促进作用

家庭是国家的基础,是社会的基本组成单元,是人生的第一所学校,对大学生的成长意义重大。家庭是人们最早接受教育的地方,父母是第一任老师,家庭教育在人的成长中起着奠基的作用。在大学生就业能力培养方面,家庭及家庭教育有着不可替代的作用。

家庭是在婚姻关系、血缘关系或收养关系基础上产生的,是以情感为纽带,亲属之间所构成的社会生活单位。家教和家风是家庭的重要内容,对大学生有着潜移默化、不可替代的作用。家庭教育是优良家教和家风得以产生的重要方式,是大学生就业能力培养的重要组成部分,对大学生成长成才意义重大。

家庭教育对大学生的发展意义重大。人的一生离不开家庭,自然也离不开家庭教育。一方面,家庭教育是大学生发展的奠基性教育。家庭教育是人们接受的最初教育。所有人,包括大学生,离开母体来到这个世界,最先接触到的是父母和家人,是他们教会大学生说话、走路、吃饭,是他们教会大学生认识世界,是他们教会大学生基础知识、文明礼仪、如何与他人交往等。家庭教育为大学生后期接受教育打下了坚实的基础,对其一生的发展起着奠基性的作用。另一方面,家庭教育是大学生发展的终身性教育。人的一生都生活在家庭中,离不开家庭，自然家庭教育也将伴随人的一生。不同于学校教育，家庭教育从大学生来到这个世界开始，到离开这个世界结束，伴其一生；家庭对大学生的教育内容非常广泛，不仅包括各类知识与技能，还包括父母自身的经验教训、对人生的感悟等。除此之外，家庭教育不同于学校教育，没有毕业时间，没有时间限制，也不会有毕业的一天，只要大学生生活在家庭中，就始终会接受家庭教育，家庭是大学生接受终身教育的场所。家庭教育作为大学生的奠基性教育和终身性教育，是大学生全面接受知识和技能、陶冶品格、加强自身修养的重要方式，对大学生的发展意义重大。

家庭教育是学校教育的有力支持。著名教育家苏霍姆林斯基曾经说过："没有家庭教育的学校教育和没有学校教育的家庭教育，都不可能完成培养人这一极其细致而复杂的任务。"可见，家庭教育是学校教育的重要支持力量，学校教育再好、质量再高，如果家庭教育不好，大学生的培养也会功亏一篑。同样，没有良好家庭教育的帮助，学校教育的效果也会大打折扣。可见，良好的学校教育与家庭教育息息相关，良好的家庭教育为大学生打好了坚实的基础，便于他们更好地接受外界教育。正如苏霍姆林斯基在《给教师的建议》里所指出的："家庭要有高度的教育学素养。如果没有整个社会首先是家庭的高度的教育学素养，那么不管教师做出多么大的努力，都收不到满意的效果。"

大学生就业能力的提升离不开家庭的培养，大学生良好的学习习惯、优秀的道德品质、积极向上的人生态度的养成均与家庭息息相关，离不开良好的家教和家风。家庭在大学生就业能力培养方面有着自身的优势，扮演着十分重要的角色。一方面，家长了解大学生的个性特点和交往喜好，可以根据特点开展个性化和特殊化家庭教育，把世界观、人生观和价值观在日常生活中传递给大学生，引导他们有做人的气节和骨气，帮助他们形成美好的心灵，促使他们健康成长，并在长大后成为对国家和人民有用的人。另一方面，家长的言传身教对大学生的成长成才非常重要。在孩子成长的过程中，家长的一言一行都具有示范作用，他们好的行为、正确的价值观能够影响孩子一生。通过重言传、重身教，教知识、育品德，帮助大学生从小扣好人生的第一粒扣子，迈好人生的第一个台阶；通过培育和践行社会主义核心价值观，引导大学生热爱党、热爱祖国、热爱人民、热爱中华民族；通过讲授中华民族传统美德，传递尊老爱幼、男女平等、家庭和睦、勤俭持家、邻里团结的观念，倡导忠诚、责任、亲情的理念，推动大学生在为家庭谋幸福、为他人送温暖、为社会作贡献的过程中锻造品质、加强自身道德修养、提高精神境界。

营造良好的家庭环境也是培养大学生就业能力的重要途径。家庭环境是影响大学生成长、成才的重要因素，营造积极、和睦、平等的良好家庭氛围，有助于家庭教育的有效开展，为大学生提升自身就业能力创造更为有利的外部条件。

一是营造和谐的硬环境，是形成良好家庭氛围的首要条件。家庭成员之间相互礼让、和睦共处，父母和子女建立平等友好的关系，多一些民主、多一些交流沟通、多一些倾诉，不搞专制，更不能用简单粗暴的行为体现权威，要充分尊重他们的意愿，以助其形成健全的人格、独立自强的性格和优秀的思想道德品质。

二是营造优质的软环境，是形成良好家庭氛围的重要条件。父母与子女长期共同生活，父母的一言一行潜移默化地影响着子女，与此同时，子女也在随时模仿、学习父母的语言和行为。因此，父母的言传身教也极大地影响着大学生。作为家庭主要成员的父母应自觉地提升自身的思想素养、道德修养和文化涵养，形成正确的世界观、人生观和价值观；关心国际、国内大事，积极参与社会事务和公益活动，规范自身的行为；从小事做起，从自己做起，养成良好的生活方式和生活习惯。通过言传身教，将家庭成员的一言一行传递给子女，以便他们更好、更快地提升自己的就业能力。

政府、企业和家庭极大地影响着大学生就业能力的培养，大力发挥政府、企业和家庭在就业能力培养中的积极作用，将政府、企业和家庭充分结合起来，使其发挥各自的优势，扮演好各自的角色，增强培养的系统性和有效性。

第二节　大学生创新创业能力的提升策略

一、创新创业能力的内涵

创新创业能力是一个人在事业追求和奋斗过程中所表现出来的能力总和，它是以创造性人格形成作为根本、以创新创业素质形成作为中介和以创新创业关键能力形成作为支撑的人格—素质—能力系统。可以说，一个人只有具备了创造性人格，才能使自身根本上向创新创业人才方向发展。如果一个人没有把服务社会作为根本价值追求，就不会产生不断超越自我的人格追求，就无法产生支持其长期奋斗的动力。当一个人认识到"只有通过发明创造才能真正推动社会发展"是其基本的认识模式时，并且认识到"自己就应该成为发明创造的一分子"是其努力的方向时，那么不断地向这个方向努力就是其人生成长的动力，这就是创造性人格的基本特征。

创新创业能力是通过一系列心理素质表现出来的，这些心理素质构成了由低到高七个等级。

第一，拥有创新创业能力的人自信心非常强。自信心就是对自我能力的认可，是对自我的肯定，也是自我效能感的体现。

第二，拥有创新创业能力的人责任心非常强。他们忠诚于自己的价值信仰，敢于为实现自己的理想目标承担起相应的责任。

第三，拥有创新创业能力的人冒险精神非常强。他们意识到无论做出什么样的探索都需要有付出，在很多时候必须为了长远目标的实现而牺牲个人眼前的利益。

第四，拥有创新创业能力的人合作意识非常强。因为他们知道单枪匹马是干不成大事的，只有通过组织更多的人，将大家团结起来才能成就一番事业。

第五，拥有创新创业能力的人市场意识非常强。因为他们知道满足社会需要是根本目标，而社会需要的满足不能单靠个人的一腔热血，还需要经过市场的淘汰和选择，只有具备很强的社会服务精神才能经得起这样的淘汰和选择。

第六，拥有创新创业能力的人风险意识非常强。因为他们意识到任何努力都可能存在失败的风险，都不必然取得成功，为此就必须慎之又慎，不断地完善和优化自己的行动方案，尽可能做到万无一失。

第七，拥有创新创业能力的人抗挫折性非常强。因为任何成功都是有条件的，总会遭遇到一定的挫折，甚至是致命的打击。但无论什么样的挫折和打击，都必须勇敢地承受，而不能一蹶不振。

创新创业能力集中表现在七个关键能力上，这七个关键能力之间也是一种递进的、螺旋式上升的、循环往复的关系，甚至受到环境影响会出现逆向发展情况。

从根本上讲，一切能力发展都取决于个体的主体性品质，其直接表现则是自信心素质。

在这七个关键能力中，处于第一位的是目标确定能力。因为一个人只有确立合理的行动目标，才可能为随后的行动开好头、铺好路。

处于第二位的是行动筹划能力。行动筹划能力与目标确定能力具有直接的依存性，因为行动会受目标牵引。行动筹划能力主要受个人的知识面、交往关系、个人的资源状况和环境的急迫性影响。

处于第三位的是果断抉择能力。当一个人面临众多可供选择的对象时，特别是每一种选择都意味着不同的利害关系时，确实在考验一个人的抉择能力。

处于第四位的是沟通合作能力。这实际上也与一个人的领导管理能力相关，因为它反映了一个人能否与他人结成利益共同体，使他人心甘情愿地与他一起奋斗，而不仅仅是一种临时的利益联盟。

处于第五位的是机遇把握能力。这实际上考验的是一个人的市场敏感性、对社会需要的深度认知、对各种资源的调配能力以及对各种政策的理解和灵活运用。

处于第六位的是风险防范能力。这种能力就是考验一个人是否具有辩证思维能力，是否具有危机意识，是否能够未雨绸缪，是否善于不断反思总结过去的经验教训，唯如此，才可能有意识地规避各种可能的风险。

处于第七位是逆境奋起能力。这种能力考验一个人是否善于换位思考，是否善于辩证思考，是否善于变被动为主动，是否善于重新整合资源。因为每个成功的创新创业者都是经历了失败后才走向成功，在失败经历锤炼下，如何使一个人性格更加顽强，对理想目标更加坚定，对自信心更加提升，从而使个体变得更加精于行动筹划，都是创新创业人才成长过程中的必修课。

二、大学生创新创业能力的定义与特点

大学生是一个特殊的群体，对这一群体的创新创业能力进行界定的时候应该区别于一般性的创新创业能力的界定，其范围应该缩小，更具针对性，也更加具体。与社会创业者、企业家不同，大学生创业并不是简单地在某电商平台上开个网店或是在线下做个小买卖，而是要在创业的过程中体现出创新，为社会带来价

值。因此，在总结了相关研究者的研究之后，结合我国的社会环境和大学生群体的独有特点，大学生创新创业能力可以定义为：大学生根据已经掌握的科学文化知识和所拥有的资源，对事物进行创造和改进，并将其转化为对个人或者社会发展有益的经济价值、社会价值、文化价值等的能力。

一般而言，大学生创新创业能力具有以下几个特点。

（一）时代性

目前，我国正处在实现中华民族伟大复兴的关键时期，国家建设需要大量具有创新能力的人才，作为掌握着先进的科学文化知识和一定技术的群体——大学生，责无旁贷地成为推动时代发展的青年主力军。因此，大学生应该抓住时代发展的契机，在"大众创业、万众创新"的引领下，不断培养自身的创新创业能力，在实践中进一步完善自我，积极地回应这一时代主题，体现新时代的特色。因此，大学生创新创业能力的时代性是指大学生将国家发展、社会进步和个人的理想信念、人生追求紧密地联系起来，积极响应国家在制度、知识、科技等领域的创新发展要求，在"互联网+""中国制造2025"等大环境背景下，投入新模式、新业态、新技术的开发和应用中去，不断提升和培养社会发展、职业发展所需要的创新创业能力。

（二）民族性

世界经济的格局正在经历新一轮的商业创新和技术变革，无论是发展中国家还是发达国家，都把创新放到了更为重要的位置上。然而，由于社会制度、经济发展程度、认识水平的不同，各国对大学生创新创业能力的要求也存在着一定的差异。因此，只有充分地结合各国的实际情况和发展需要，制定切实有效的战略，才能够更好地培养大学生的创新创业能力。就我国而言，大学生创新创业能力的培养，必须与培养社会主义合格的建设者以及可靠的接班人所具有的能力相一致，这种能力要为实现中华民族伟大复兴的中国梦服务。

（三）阶段性

创新创业是一个循序渐进的过程，并不是一蹴而就的。它由多个阶段构成，主要分为意识觉醒、初创期、发展期、成熟期。在不同的阶段，创新创业主体需要具备不同的创新创业能力。相对于其他的创新创业群体，如创业者、农村外出务工人员、企业家，大学生创新创业群体的特殊性体现在创新创业的时间范围上，也就是在校期间和毕业后的几年以内。这个时间范围对应着创新创业阶段的意识觉醒和初创期。在这个阶段，对创新创业者创新创业能力的要求主要倾向于培养他们的创新精神，使其具备一定的学习能力、掌握一定的知识和技能。当他们进入发展期和成熟期之后，应该具备更加专业、更高层次的能力。在校期间，大学生应着重培养创新精神、学习能力、创业人格等意识觉醒阶段所要具备的创新创业能力，而像企业管理等能力则是那些进入初创期，即能够把科技成果转化为现实生产力和实际创业的一部分人所具备的创新创业能力。

（四）发展性

发展性是大学生群体创新创业能力区别于其他群体的特点之一。学习先进的科学文化知识是大学生的第一要务。除了主观的和天生的创新创业能力之外，大学生群体还要通过后天的学习和外界环境影响来获得。当然，大学生群体的创新创业能力也是一个由低到高、由弱到强逐渐发展的过程。在国家大环境的熏陶、社会的支持、高校的教育、家庭的感染下，大学生群体的创新创业能力一定会得到更好的发展，而高校的教育是他们同其他群体最大的不同。换句话说，大学生的创新创业能力是可以通过教育来培养的。

三、培养大学生创新创业能力的意义

（一）为新时代输送人才

培养大学生创新创业能力是适应时代发展的必然要求。当前的国家经济需要创新型的人才辅助其打破局势，找到经济转型之路。而且创新从来都是事物发展所需要的驱动力。大学生受到了更高的教育、获得了更多的资源，是新时代的优质人才，其创新创业能力直接关乎我国社会和经济发展的潜力水平。各大院校担负着为社会输送人才的责任，其相关能力的培养自然是人才输送的前提准备。

（二）增强学生的就业实力

大学生最终要迈入社会，进入到各个具体的岗位。当他们的能力千篇一律、毫无特色时，就会存在很大的被替换的隐忧，进而不断地循环在就业与失业之中。而创新创业能力是大学生个体能力的体现，区别于其他的可替代能力，既能帮助其提升就业实力，又能让其出类拔萃，受到用人单位的青睐，进而拥有稳定的、不断晋升的发展机会。

（三）拓宽学生的择业范围

创新创业能力代表着大学生个性化的能力，可以使其在择业时拥有更大范围的选择，既可以选择与自己专业相关的岗位工作，也可以基于自己的创新创业能力进行自主创业。这一方面可以为市场带来新的元素，增添经济活力；另一方面也能减少大学生因找不到合适岗位而赋闲在家，白白消耗青春。可谓把大学生的青春活力、才干潜力用在"刀刃"上，让其充分地发光、发热。

四、培养并提升大学生创新创业能力的途径

（一）进行人生目标教育

人生目标教育绝不是灌输式的，必须是启发式的，是通过知识的学习和实践体验进行的。知识的学习，有助于个体发现自己的潜力和发展方向，而实践体验能够促进个体进行自我反思，找到自己的努力方向，所以，没有广泛的知识涉猎和实践体验过程，不容易准确地找到人生发展方向和目标。个体的兴趣爱好与成长环境是密不可分的，长期的生活体验和经验总结能让个体逐步发现自己的潜能所在，在不断反思过程中矫正自己的认识偏差，调整并确认自己的人生目标。另外，每个人的性格特征与不同职业之间具有或多或少的关联。人们会倾向于找那些与自己个性特征关联度更强的职业，这样人们可以更好地激发自身的创新潜能。当一个人找到最适合自己的工作领域，他便会心情舒畅，愿意从事该工作，并能充分激发其创新潜力。可以说，人生目标教育就是在训练人的目标确定能力，这是一种培养大学生创新创业能力的根本性训练。

（二）进行职业生涯规划教育

职业生涯规划已经成为很多高校的必修课，在国外，职业生涯规划甚至已经进入中小学课堂。人们从很小的时候便会开始畅想以后想从事的工作，但随着年龄的增长和成长环境的改变，职业目标也会改变。进入高等教育阶段，人们的职业目标越来越确定，进而开始人生发展规划。此时，人们就会不自觉地向理想职业目标对标，看看自己究竟具备什么样的条件，还缺乏什么样的条件，以及该如何巩固自己的优势和弥补自己存在的不足。人们无不把专业知识学习作为职业生涯规划的基础，把课内课外的实践机会当作能力培训的阶梯，因为人们相信，个体储备的专业知识越多就会给自己带来越大的发展空间，个体越擅长某一项工作就越能为自己赢得更多的成功的机会和发展机遇。在进行专业知识学习的同时，人们也非常关注对非专业知识的学习，希望自己未来的职业发展具有更大的灵活性和更好的前景。由此可见，人们对未来职业进行主动筹划是人的理性本质的反应，人们在接受高等教育的阶段会比较主动地思考未来职业究竟需要什么样的能力，应该具备什么样的素质，这些思考会变成他们在选择课程、参与活动时的参考。

（三）进行科学方法训练

掌握科学方法是一个人获得成功的重要前提。科学方法是一系列人们发现问题、分析问题、解决问题的方法。我们知道，无论是谁，都无法直接照搬书本上的原理，都必须具体问题具体分析，否则就会遭遇挫折或失败，因此就必须学会发现问题、分析问题和解决问题的基本方法。发现问题是在一系列繁杂的现象中找到问题所在的过程，分析问题就是找到各种影响因素的过程，解决问题就是找到最关键影响因素并把它转变为实践操作方案的过程，其中蕴含着对事物发展状况的分析判断、提出假设、收集资料、经验验证和给出结论的过程。

人们习惯于用已有的经验分析问题，然后作出判断，然而，如果不结合具体问题情境，仍然会面临失败的打击。所以，掌握具体问题具体分析的原理就是一个人面对生活挑战时必须具备的基本功。进行科学方法训练，就是让大学生直接面对现实生活和生产中存在的问题，教会他们找到最优解决方案。现下的探究式教学、创新创业计划训练，就其实质而言，都是在进行科学方法训练，在这个训练过程中，培养了学生的目标确定能力、行动筹划能力、果断抉择能力、团队合作能力、把握机遇能力、防范风险能力和逆境奋起能力。

（四）进行人文精神陶冶

大学生创新创业能力的培养和提高离不开人文精神的熏陶。人文精神的核心在于具有人文情怀和对他人的责任感，这也经常被人们理解为家国情怀，即对国家、对民族、对社会、对集体、对家人的爱。每个人都是社会的一分子，也是民族的一分子，更是家庭的重要成员、集体的一个细胞，是国家的公民，都具有为社会进步、民族昌盛、国家强大、集体兴旺、家庭幸福作出贡献的责任和义务，因而必须思考自己该如何进行价值定位，思考在个人目标实现过程中如何促进社会发展。只有通过服务于社会、贡献于社会，才能更好地实现个人的价值，赢得个人的地位和荣耀。有了这样的价值定位就能够为个体不断探索、不断创造、不断成长输入源源不断的动力。

（五）政府出台相关政策

为了进一步加强从上至下落实培养并提升大学生创新创业能力的力度，政府在出台相关政策时，应着重考虑两点：一是创新创业能力的培养和提升是动态发展的，大致包括初创、培育和成长三个阶段，在每个阶段都要先了解需求，以确保政策的高度贴合；二是关注大学生的特点，以使政策更有针对性和可行性。此外，有必要以对应法律的形式来规范大学生创新创业过程，这样不仅能为相关部门落实政策提供指导，明确划分各部门的职责，而且在问题出现的第一时间便可对应责任主体，提高政策落实效率，保障大学生创新创业活动的有序、规范开展，鼓励更多大学生按照合法合理流程创新创业。同时，政策的落实离不开地方政府和学校的大力执行，应将政策和自身实际情况相结合，出台实施方案。以大学生创新创业专项资金政策为例，应充分考虑资金困难问题，以当地政府为主导，高校联合本地银行、小额担保机构等，共同解决。另外，政策落实重在沟通，政府部门及其和企业、高校之间，要及时沟通协作，促进政策有效落实。

（六）设置创新创业课程

系统的课程教育更有利于收获良好的培养效果，为此建议高校设置创新创业课程，并以全校学生为对象，要求学生积极参与课程学习。该课程既可以单独设置，也可以作为已有课程体系中的一部分，但是其内容应丰富（如包含大学生职业生涯规划、创新思想的形成、创新方法的应用等）、形式应多样（如采用课堂教学、成功人士讲座、学习及经验交流会等多种形式），以吸引大学生积极参与创新创业，用所学知识不断探索，并将目光和思想放长远，持续研究创新创业新理念、新模式。

以某研究成果为例，针对当前高校大学生创新创业侧重大四阶段的问题，建议构建覆盖整个大学学习时期的课程体系。一是在大一时期，不断引导学生认识和理解所学专业，适当地让学生接触一些创新创业方面的思想，让学生对本专业创新创业有一定概念，甚至产生一定的兴趣。二是在大二时期，教授学生应用文尤其是项目申报书的写作知识及技巧，同时融合简单的管理学知识。三是在大三时期，有序地开展经济学和管理学的教学，创新创业与经济和管理密切相关，不仅要考虑创新，更要关注经济投入（成本）与收益，并与之前的管理知识相结合，综合提高学生的经济管理能力。四是在大四时期，教授学生商务技能与谈判技巧，无论是创新创业还是就业，人际和业务沟通都离不开交流及谈判技巧。

（七）组建创新创业师资队伍

大学生创新创业能力的培养离不开高校和教师的教育，因此有必要组建相应的师资队伍。负责创新创业教育的教师，自身专业知识及实践经验必须丰富，综合素质也要高。对此，一方面，高校应为教师和学生提供各类有利于专业知识强化、实践经验积累的机会，如学校之间、学校和社会各行业之间各类组织的创新创业交流会、讲座，不同类型、不同等级的创新创业技能大赛等，并督促教师和学生参加。要让教师走出课堂、走出校门，到外面的社会中，通过与其他学校、企业等相关人员的交流与合作，实现自身知识和能力的增长，更好地服务于大学生创新创业能力的培养。另一方面，高校也要根据自身所需，邀请其他学校、企业的创新创业领域的专家和成熟人才，到本校开展创新创业知识与技能讲座，或直接聘请为本校创新创业教育方面的教师，让其结合新经济形势为学生普及创新创业新知识、新要求，教会学生进行创新创业所应具备的知识、能力、技巧等，或模拟各行业创新创业情境，通过角色扮演以及专家指导，了解、纠正、完善创新创业实际过程。

随着社会的发展和教育改革的深化，越来越多的大学生开始选择创新创业，大学生创新创业也面临着新的机遇和新的挑战。因此，国家、社会、企业、高校以及大学生都应发挥自身的作用，通过出台政策、达成合作、壮大师资力量、提高知识储备和实践能力，形成创新创业培养合力，为国家和社会培养和输送合格的创新创业人才。

第五章 高校就业创业教育研究

第一节 高校就业创业教育课程体系建设

一、高校就业创业教育课程体系建设中存在的问题

（一）课程体系亟待更新

所有高校培养的大学生最终都是要走向社会、服务社会的，因此课程体系的设置必须考虑到大学生今后的就业或者是创业需要及市场的需求。现阶段，企业以及社会针对人才招聘有了更加严格的标准和需求，高校传统的教学模式、教学方法、教材内容已经落后，不符合当前需要，因而身处新发展格局下的高校在就业创业人才培养方面必须首先完善课程体系，改革教学方法，调整、优化教材内容，使其能够更加符合就业创业的教育需求。但目前，部分高校的就业创业教育仍然停留在"喊口号"的阶段，并未充分思考基于新发展格局，如何才能切实推动学生就业创业能力的提升，而"工学结合、产教融合、校企合作"等一系列的办学模式在落实过程中又有一定的困难，使得学生无法很好地借助这些平台来加强实践，最终的教学效果堪忧。

另外，高校就业创业教育也受到了传统理念的影响。至今仍有部分人只追求"铁饭碗"的职业设置，家长和学生更加青睐于公务员、事业单位职工等，认为只要能够考上公务员或者事业编制，就相当于拥有了"铁饭碗"，一辈子仕途有

保障且衣食无忧、福利稳定。因此，不少学生在毕业之初就致力于考公务员，而忽略了利用自己的创新创业能力去创业。这些具有局限性的思想认知对于学生的自我定位以及未来的职业发展都产生了极大的阻碍，限制了其发展道路，无法刺激其潜能的发挥，个人的创新意识、格局以及逻辑思维能力也被束缚。

（二）师资团队不健全，就业创业教育与专业教育连贯性不足

总体而言，高校针对就业创业教育设置课程的时间较短，因此师资团队结构不合理、师资队伍不充足是不可避免的问题。在新发展格局下，对于师资团队也提出了更高的要求。教师不仅需要具备帮助学生制订就业创业计划、选择相关项目的能力，还要能辅助学生分析得失，调动其参与热情和积极性。但现阶段高校中的大部分此类教师，无论是教学能力还是综合素质尚无法胜任此项工作，专职教师、兼任教师人员流动性较大，数量不足，甚至不少高校从事此项工作的教师只是辅导员，能够参与就业创业教育的环节和程度较为有限。另外，由于辅导员本身的日常工作较为繁杂，而在就业创业领域，很多人自身的实践经验、理论知识储备都较为欠缺，无法精准地把握国家政策以及外部资源的走向，育人水平有待提升，也只能是较为基础性地完成此项工作，并不能够将关于学生就业创业的指导工作作为其整体工作中的重点来予以突破，在一定程度上不能很好地推动就业创业教育课程有效落地。当然，有部分高校从自身的发展出发，外聘企业专家、行业人士指导工作，但是这些企业专家并不熟悉高校的育人规律，授课具有随机性，无论是课程的内容还是课程的时长都有待丰富，使得整体的教育成果不如预期。

国家相关部门将高校大学生的就业创业教育工作上升到了战略决策层面上，希望高校将就业创业教育作为一项重要工作来落实执行。目前，多数地区的高校就业创业教育如火如荼地进行着，积极性较佳，然而质量堪忧，在一定程度上展现出了就业创业教育与专业教育连贯性不足的问题。典型表现就是就业创业工作只是作为阶段性的教育来予以落实，是一种短期行为，并不能作为长效的教育机制贯彻到高校的全过程教育之中。部分院校甚至为了应付领导检查，盲目跟风，为了就业而就业，为了创业而创业，片面追求表面效果，而不注重落实过程中的细节。这就导致了无法从根本上帮助学生提升就业能力以及创业能力，更无从谈

及创新教育，直接影响到了高校整体的教学水平，对于其育人模式也可能产生一定的负面影响。

（三）就业创业教育资源共享优势不突出

高校就业创业教育资源共享优势不突出，主要表现在以下两个方面。第一，由于行业、企业参与度不高，就业创业教育尚未实现与行业、企业之间的信息资源共享，使就业创业教育未能发挥应有的作用。学校参与行业、企业的实践锻炼与科技服务缺乏激励机制，协同创新氛围尚未形成，高校服务产业的能力有待提高。第二，校企合作育人机制尚未建立，不能对接产业需求，还未形成教育教学的合力。高校自身因专职教师队伍人数不足等使得各高校之间的教育教学交流活动不多，学校内部的研讨和教研教改活动也流于形式，无法实现教育教学资源的共享，影响了高校就业创业教育整体水平的提升。

在新发展格局下，高校要想得到良好的就业创业教育效果，必然需要依托行业、企业来办学，要结合社会和企业对人才的要求来育人。

二、高校就业创业教育课程转型的路径探索

（一）将就业创业教育纳入人才培养体系

新发展格局下，高校就业创业教育课程要实现转型，首先就要将就业创业教育纳入人才培养体系，将就业创业教育贯穿于人才培养始终，并且以此为导向展开一系列的教学活动。就业创业教育和人才培养体系之间的融合表现在以下三个方面。

1. 人才培养目标的契合

高校致力于培养技能型人才，就业创业教育致力于培养具备就业创业能力的人才，二者目标契合，共同推动人才技能的完备以及综合素质的提升。

2. 专业教育和就业创业教育的融合

在具体的人才培养环节，专业教育不能够脱离就业创业教育，而就业创业教育也不可以与专业教育相背离，只有专业教育和就业教育相融合的一体化的教育体系才能推动人才教育目标的实现。

3. 新发展格局下的人才培养模式

人才培养体系建立必须要基于新发展格局，借助于工学结合、校企合作等多元化的渠道，实现理论和实践环节之间的对接。在具体的操作过程中，学生可以深入理解社会、企业对于人员岗位、技术、能力的不同要求，成长为符合新发展格局的当代人才，企业、行业也能共同致力于培养学生的就业创业能力以及创新意识，使其更符合自己的用人需求，进而共同推动社会的进步。

总体而言，借助于以上三个方面的深度融合，才能更好地推动就业创业教育精准化落实、全方位开展。

（二）构建就业创业教育资源平台

高校构建就业创业教育资源平台的根本目的就是推进资源的全方位流动，加速资源共享。因此，高校可以从以下三个方面出发，汇聚资源优势。

第一，创建就业创业基地，在各种校企合作以及人才孵化基地的支撑下为就业创业提供空间，在企业和学校的共同帮助中推动校企合作基地以及人才孵化中心真正成长为企业实体，使得就业创业教育能够达到实体规模。从不同专业、不同企业及产业的各自要求出发，提供差异化的就业指导和创业教育。

第二，以名师工作室为载体传授技能，推行师徒制，传承技艺，提升学生的实践能力，推动"产、学、研"一条龙平台的建成。

第三，构建数字化资源库。各大院校之间形成就业创业联盟，借助于网络课程、线下交流分享等形式，营造资源共享氛围，加速就业创业教育课程的转型。

（三）加速相应课程的开发

高校的课程开发最基础的功能就是传授相关的理论知识，形成一体化的知识框架。同时，高校的课程开发也要考虑行业、企业以及社会的需要，在推动学生就业创业能力提升的同时，培养其创新思维和创新意识。对此，可以设置以下类型的课程。

1. 开发普适性课程，加强自然学科、人文学科以及艺术素养的培养

想要成为一名合格的就业者或者创业者，综合素质至关重要。高校现阶段的专业课程设置多以学生未来的职业发展为参考标准，形成了专业化、独立化的课

程，所有专业都在自己的领域里深耕，虽然推动了知识往更深层次的发展，但也不可避免地导致了专业领域与自然学科、人文学科之间的冲突，学生能够掌握的关于自然学科和人文学科的知识相对碎片化。因此，开发普适性课程非常重要。它可以打破专业性学科与自然学科、人文学科之间的鸿沟，促进二者的融合与沟通。具备人文内涵的就业者和从业者更容易得到灵魂的升华以及综合素养的提升，在日后就业和创业过程中的表现也会更加成熟。

除此以外，普适性课程中也需要涵盖艺术类的内容。高校的艺术类课程不是简单的舞蹈、绘画、歌唱，或者是学生欣赏几场文艺演出、歌剧、戏剧等，而是真正地学会传递美、评价美、塑造美、欣赏美。通过艺术和美，学生能够追求美的享受，提升艺术境界，并将其作为一种思维方式，以此来影响自身的工作及生活。在进行艺术素养的培养时，不能仅将艺术作为传递美的载体，而应该培养学生形成体系化的文化素养。当代的复合型人才除了要具备扎实的专业知识，还必须具有一定的人文艺术素养，美术、音乐这些艺术渠道能够极大地推动人文情感的培育以及感性思维的开拓。当高校在考虑设置就业创业教育体系课程时，一方面要将能够提升高校学生创业普遍意识和水平的课程设置为常规课程，另一方面在课程内容上应该将自然学科、人文学科和艺术素养的培养内容与就业创业专业内容结合起来。只有通过合理的教学设计，才能让课堂上的教学真正成为培养高校学生就业创业能力的一种高效方式。

2. 开发个性化课程，满足学生个性化的需要

在新发展格局下，高校就业创业教育体系的转型必然要开发个性化课程，来满足学生个性化的需要。这是由于个体之间必然存在一定的需求差异，从学生差异化的兴趣爱好以及不同的就业创业能力出发，设置个性化、有针对性的授课内容、授课方式以及评价模式，更有利于推动学生就业创业能力的提升。个性化的课程项目能够激发学生的学习热情，挖掘他们的个人潜力，也能够满足不同企业、行业的需要。

3. 开发探索性、研究性课程，注重学生创新能力的培养

就业创业教育的培养目标便是培养具有创新能力的人才，因此，高校有必要开发探索性、研究性课程。许多高校设立的探索性以及研究性课程能够巧妙地将

原有的经验、创造力以及想象力结合起来的。在这一类型的课程当中，学生可以很好地根据自身学到的理论知识以及教师的教学经验，配合两者共同的想象力和创造力，通过一系列的研究、探索以及思考、讨论，最终发现或者创造出新的知识，并对旧的知识进行更正或者补充。这一过程对学生日后的就业创业而言是十分有利的。

（四）构建相关服务机制，加大政策扶持

高校要充分重视就业创业教育工作，并切实落实指导工作，为就业创业教育构建一个信息化、系统化的交流平台，以此来促进问题的解决。高校要从自身的口碑和优势出发，全面整合教育资源及社会资源，例如，聘请知名的专家学者来开展关于就业创业的相关座谈会。高校可以鼓励学生自发性地构建关于就业创业的相关社团，并做好出谋划策的指导工作，帮助学生解决就业创业过程中会遇到的困难和问题。高校可以联合相关勤工俭学部门、政府机构、知名企业展开进一步的合作交流，最大限度地为学生提供一些就业机会或创业岗位，以此来帮助学生真实地展开就业创业活动，建立相关的逻辑思维，为日后真正走上社会奠定良好的实践基础。

除了高校自身的努力之外，政府作为就业创业活动的主导者之一，也应成为连接高校和企业、社会之间的桥梁，加大政策扶持力度，尽力地为就业创业活动扫清障碍，提供帮助。例如，政府可以在一些职能机构为高校从事就业创业的学生开设相关的特别通道，或者是联合当地的企业定时展开人才招聘会，为更多的学生提供就业和创业的机会。

（五）加快转型进程，实现教学模式创新

如今，高校正在积极落实人才培养转型工作，而就业创业人才培养以及就业创业教育体系的设立无疑是其中至关重要的组成部分。众所周知，学生的学习态度和学习效果在很大程度上受到学校的重视程度与教学内容的影响，只有用心、真诚地把就业创业教育作为一个重要的教学内容，科学化地组织教学活动，才能真正地让学生在在校期间有效地提高自身就业创业水平。高校要充分借助自身优势，利用行业资源、企业资源、社会资源，加速就业创业教育课程的转型，借助于工学结合、顶岗实习等一系列模式，实现教学模式创新，为学生提供有利的学

习环境，培养他们的就业创业思维和能力。

（六）完善师资团队，推行多元化的评价机制

高校就业创业教育课程的转型，必然需要完善的师资团队给予智力支持。教学经验以及实践经验丰富的师资团队能保证就业创业教育取得良好的效果。作为智力资源组成的师资力量，对于提高整个高校的育人水平发挥着不可忽视的作用。具体而言，可以从以下两个方面入手完善师资团队。第一，打造三方结合的就业创业教育网络。实现这一环节需要高校将现有的校内资源和社会资源充分结合起来。首先，高校可利用的资源有一批优秀教师和研究团队，这是"教师网络"。其次，高校可以与社会多方达成合作，引进相关人才参与学校的就业创业教育，形成"同行网络"。最后，还可以邀请相关企业家、专家来高校进行知识讲座宣讲，形成"教练网络"。由此打造出的三个层次的教育团体，能从多个角度对学生展开就业创业教育，尽可能满足学生能力培养各方面的教学需求。第二，通过建立考核系统，打造和培养出合格的就业创业师资团队。不仅要让教师加入就业创业的教育当中，也要为教师的发展提供平台。首先，在教学质量上，为了更好地实现理论和实践之间的连接，要统筹安排好校内教师和兼职教师的课程内容与开课时间，实现二者的有机结合。同时，要加强对教师的教学技能和专业水平的培训考核。其次，从教师的发展层面来看，学校要支持就业创业指导教师将科技成果转让，满足教师的职业发展升级需要。

在新发展格局下，高校就业创业教育课程的转型必然需要学校和其他社会资源的充分融合，因而不管是在教学阶段，还是在对学生学后成果的评价阶段，都应当充分发挥各个主体的作用，推行多元化的评价机制。首先，学校、社会、政府、行业还有企业各方，要站在就业创业项目所处外部环境的角度，参考项目和市场既有的规定，评价就业创业项目的经营成效、学生在其中的表现等，建立一个全方位的评价体系，并借助这些评价标准量化学生在就业创业活动中的综合水平，有针对性地提高学生在相关方面的素养。其次，项目导师、项目成员以及同类型项目之间，也要从就业创业项目内部的角度出发建立评价体系，通过自评和互评的方式，让项目参与人员对自身和项目都能有更深刻的体会和认知。尤其是要将学校内的项目与外部企业项目相比较，总结出学生所参与的就业创业项目的优缺

点，让学生深入了解项目的前景和自己应当扮演的角色，从而找准改进的方向。

三、高校就业创业教育课程转型的具体对策

（一）课程设置以及培养方式的优化调整

1. 设置就业创业意识课程

高校就业创业教育应当设置创业意识课程，培养学生的就业创业思维，培养学生的就业创业意识，开展理商和情商培养。鼓励学生积极参加创意活动，帮助学生形成就业创业动力，激发学生的灵感。

2. 设置就业创业战略课程

具备了就业创业意识之后，也要培养学生的战略眼光，所以要开设就业创业战略课程。利用相关教学模型，对企业在市场上的竞争状况进行战略分析，让学生体会企业在竞争中面临的挑战，了解存在的多元化竞争力量，学习战略竞争的特点。再结合相关讲座，让学生用更加长远的目光开展就业创业活动。

3. 设置就业创业管理类课程

此类课程旨在培养学生的管理能力。因为在学生具备了基本的就业创业条件后，要想维持长久的工作状态，必须与团队达成良好的合作共事关系，因此管理能力必不可少。例如，在大一、大二阶段开设必修课"就业创业基础""就业创业管理学"等。"就业创业基础"主要让学生了解什么是就业创业、如何真正地实现就业创业、如何规避就业创业的风险、如何做好就业创业前的准备工作，以及如何进行企业的战略管理、怎样培养和提高正确分析与解决市场管理问题的实践能力等，培养学生创新思维。"就业创业管理学"主要是让学生认识到如何建立就业创业构想、评价就业创业项目的市场潜力和效益、筹措就业创业资金、解决经营管理问题等。大三、大四阶段为高校大学生就业创业教育中的实践时期，主要是培养学生就业创业素养和综合能力，以大一、大二时所学的理论知识为指导，尝试就业创业实践，从而获取亲身经验。

4. 设置就业创业实战课程

这类课程的开设是为了切实提高学生就业创业的实战能力，重点让学生体会

并了解就业创业的基本过程与重点难点。

（二）理论课程的优化调整

区别于传统的文化课课程，高校的就业创业课程有着独特的性质，其根本目的是使学生在日后的就业创业过程中能够少走弯路，因此理论普及至关重要。既要及时地开展理论课的知识传递，也要注重实践课的教授。高校就业创业教育课程的转型是实现就业创业活动的前提，因此其理论课程也要进行优化升级。下面就几个最基础的理论课程进行阐述。

1. 就业创业教育概论

该课程是高校就业创业教育课程中的基础课之一，其教学的根本目的是帮助学生深入理解就业创业教育的内涵，并且在此基础上提高学生的参与度，激发就业创业热情，使其领悟新发展格局下就业创业的相关基础知识。

2. 高校学生就业创业导论

该课程主要集中分析当前高校学生就业创业的环境以及实际的行业、企业对人才的需求。它从现实意义的角度出发，帮助学生理解自身需要具备何种基本素质以及何种就业创业技能。

3. 就业创业心理学

不可否认的是，任何人在就业创业的过程中都会碰到各种各样的困难，面对困难时的心理素质至关重要，其将会直接影响到问题的解决以及个人的日后发展。创业是一项高风险的事情，高校学生由于自身的实践经验不足，社会经验欠缺，很容易遭遇失败。因此，这门课程就是帮助学生构建良好的心理状态，培养抗压能力，使其能够未雨绸缪，提前应对在就业创业过程中可能出现的各种风险以及难题。

4. 就业创业法律基础

就业创业的相关行为必须符合法律规范。该课程的开设目的是让学生充分地了解法律禁区、了解法律规则。作为一门综合学科的法律类课程，该课程既能够教会学生在就业创业的过程中，必须遵守国家相关法律的规定，又能教会学生如何借助法律的渠道来维护自己的合法权益。

5. 市场营销学

无论是就业还是创业都离不开市场这个大环境，而且永远涉及买与卖之间的关系。因此，这门课程能够帮助学生提升自身的市场营销水平，在日后的就业创业过程中能够获得最大化的经济效益。

（三）教学方法的优化调整

当前阶段，高校学生就业创业教育课程的转型可以采用以下三种成效甚佳的教学方法。

1. 问题法

问题法是一种常见的教学方法，而且能够起到较好的教学效果。它是以问题为核心来引领接下来全部的教学环节。在高校就业创业教育课程转型的过程中，问题法在教学课堂上的应用应当更加注重学生之间的合作、互动以及沟通交流，以此来锻炼他们的观察力，为培养就业创业能力奠定良好的基础。特别需要注意的是，教师应用问题法之前需要做好备课工作，设置一定的合理情境，使学生身处模拟情境中，能够积极地思考问题、主动地分析问题，继而通过自己的逻辑思维得出结论。学生在这种训练下能够形成一系列的思维模式，对其日后在就业创业过程中分析问题、解决问题有着良好的启发作用。除此以外，教师也要从差异化的角度和层面带领学生看问题，借助于多样化的方法解决问题，开拓学生的思维，不保守、不激进，力求尽自己所能找到更多的解决问题的路径。在应用问题法的教学过程中，学生和教师之间形成了较多的互动和交流，教师应引导学生思考，把握整体的教学进度，而学生可以将自己的想法和体会分享出来，有利于在和谐互助的过程中提升个人能力。

2. 案例剖析法

任何一门课程的理论知识都是严谨、理性、抽象化的，学生在学习的过程中很难感受到充足的动力，而且如果理论知识过于枯燥，那么在一定程度上还会打击学生的积极性，导致其学习效率降低，最终导致其吸收知识的质量不高。因此，应用案例剖析法能够借助于具象化的经典案例，帮助学生提升逻辑思维能力以及面对问题的处理能力。教师在传授知识的过程中，可以将理论渗透到实际案例中。案例的选择既可以是成功的，也可以是失败的，通过正反两种案例的对比帮助学生吸取经验或教训，使其能够对就业创业行为有着更加全面、深入的认识。当然，这也对教师的教学能力提出了更高的要求，教师必须在课余时间投入足够的时间、精力来整理和收集案例材料，并详细地剖析，选择合适的部分应用于课程教学环节。特别是就业创业课程的案例选择，在条件允许的情况下，最好能够得到企业的支持，以企业的真实材料、事件作为案例的素材，能够大幅度增加学生的所得。而且，学生讨论出来的建议能够为企业提供一定的参考，学生之间积极的讨论也能够构建良好的课堂氛围，调动学生的学习热情。

3. 讨论法

部分高校在就业创业的教育课堂上依旧采用的是完全以教师为中心的教学方法，应用讨论法就可以突破这一模式的桎梏。以学生为中心展开集体讨论，每个学生都可以参与到讨论的过程中，并畅所欲言表达自己的所思所想，参与度和积极性都能够大幅度提升。而且通过分析每名学生的想法和见解，教师可了解每个人都有独特的视角和方法，个人解决问题的能力也有所差异。讨论法搭建起了学生和教师之间沟通的桥梁，在思想碰撞的过程中，学生可以体悟到教师的领导力和思想认知，而教师也可以充分地分析学生对知识的掌握情况，把握课堂进度和教学要点。该教学方式能够在营造一个愉悦、和谐的学习环境的同时，帮助学生从不同的角度看待问题，其自身的合作能力、竞争能力也会有所提升。

第二节　高校就业创业教育实践体系建设

一、高校就业创业教育实践体系建设中存在的问题

（一）实践教育匮乏，教学模式僵化

高校育人的根本目标是使学生在具备扎实理论知识的同时，拥有较强的实践

动手能力。高校通过开展一系列的实践教育，帮助学生夯实理论基础，将原理概念等变得更加立体化、直观化，所学和所用之间互相补充、互相促进，达到专业培养的最佳效果。高校进行就业创业人才培养必不可少的一步就在于实践教育。想要加快提升学生的实际动手能力，必须有足够的实践性课程训练加以辅助。然而，现阶段很大一部分高校依然采用传统的教学方式来落实实践教育，主要是以讲授性、理论性的渠道来传递知识，实践平台也只是鼓励学生利用毕业之前的时间自行寻找实习单位或者是学校推荐优秀学生去企业实习以及在寒暑假参与社会实践活动。学生很难在这种实践过程中建立自己的就业创业意识，培养发散性的创新思维。高校的人才培养模式对于实践部分的侧重性不强，较为明显的就是实践教育和理论教育二者在教学时间、考核重点、师资力量等方面存在不均等现象。不可否认的是，实践教学和理论教学的比例问题直接影响了高校人才的基本水平和能力。在新发展格局下，高校的实践教学人才培养体系也需要优化调整，不仅要重视理论的传授，也要为实践活动提供成长的空间，共同致力于培养学生的综合能力，使其能够更加有信心、有实力应对接下来的就业和创业挑战。例如，有部分高校和事业单位、企业单达成共识，共同兴建了实习基地，为学生提供实践的场所，极大地推动了高校就业创业教育课程的转型，值得大力借鉴和推广。

此外，高校就业创业教育实践体系的建设也存在教学模式僵化的问题。实践课程的教育者自身的思维较为保守，缺乏创新精神，往往沿用固有的教学计划和模式，无法借助即时性的案例来给予学生实践启示。而且学生在实践过程中，并不能够及时地得到教师的指点，一旦出现错误，很容易继续下去，重复错误。

总体而言，目前高校就业创业教育设置的实践类课程仍然较少，而且部分院校注重表面功夫，将理论和实践完美融合展开深度教育的能力尚显不足。同时，部分实践教具、设备数量有限，而学生的总量则是持续增多的。由于受到设备、场地等因素的限制，实践教学的开展仍是遥遥无期。当实践类课程和理论课程出现冲突时，部分高校往往更加倾向于理论课程的开设。除此以外，实践类课程也很容易忽略学生的专业特长，不能够采用循序渐进的方法帮助学生培养相关的就业创业实践能力。综上所述，实践类课程的设置亟待优化，这也是当前阶段新发展格局下高校就业创业教育实践体系建设存在的问题之一。

（二）师资团队欠缺实践经验，实践教学资源不够充足

当前高校从事就业创业实践教育的教师，多数是从科研以及课堂教学领域转型而来，基本理论知识可能非常扎实，但却很少切实地经历过创业活动，缺乏充足的实践经验，因此很容易在实践活动指导过程中出现纸上谈兵的问题。另外，部分高校仍未能充分认识到就业创业教育实践体系建设的重要地位，因而对于实践教学的关注程度不高，实践教师的地位无法得到提升，而且受到薪资、学历、用人制度等多方面的限制，高校很难吸引具备丰富实践经验的企业内部高级人才加盟师资团队。当然，也有部分企业中的高级管理人员以及技术人员兼职高校的实践教学工作，但由于其本职工作时间紧张，无法将全部的精力和时间投入实践教学过程，最终的教学效果和预期有所差距。总体而言，师资团队的力量呈现薄弱态势。

大学生就业创业能力的培养需要经历从理论到实践，再到理论，再到实践的多次循环上升，反复锤炼。但是，我国有些高校目前仅仅是引入了一些实践课程，进行了一些零星的创业活动，实践瓶颈还没有被完全打通。教学实践设备不完善，无法及时地更新换代也使得高校的就业创业教育实践体系建成之路多有阻碍。

（三）高校与企业、行业之间的实践合作体系尚未健全

在校企合作的关系中，企业的主动合作意愿普遍不强，这一是由于企业本身的性质所决定的；二是由于部分企业自身的规模、实力等无法和高校构建合作关系；三是部分高校也有可能因为自身的条件限制、实力不足而无法吸引企业的关注，部分高校和企业之间的合作关系只能依赖于情感上的维系。目前，高校与企业、行业之间的实践合作体系尚未健全，导致了企业的参与度不高，合作模式较为单一。大部分高校在校企合作的关系中呈现出的模式就是由教师讲解实践流程，企业的相关管理人员提供类似的职业培训、就业岗位，学生实现阶段性的实践。由此可见，学生并不能全程参与到业务一线中来，就业创业能力的提高自然就会被打折扣。

（四）总体设计不足，合力之势微弱

在部分高校的就业创业教育实践工作过程中，呈现了总体设计不足的问题，

特别是缺乏顶层设计,有些部门仅出于自身利益层面考虑问题,只从自身的角度展开实践工作。例如,就业部门会从就业的层面,号召社会、高校、企业、行业加强对就业创业实践教育的关注,而有的教学部门则为了推动各项实践比赛的进程组织实践活动等。总而言之,总体设计的不足导致了各个部门之间合力之势较为微弱,整体的就业创业教育实践体系呈现出碎片化、零散化的状态,无法形成统一的系统化机制。除此以外,由于各个部门的权责不同、绩效不同,在工作中可能会出现某些工作内容的重叠或者空缺,导致最终的实践教育体系合力之势较为分散,无法达到预期效果。

二、高校就业创业教育实践体系建设的路径探索

(一)建立实践平台,促进资源共享

在新发展格局下,高校就业创业教育实践体系建设的路径之一就是建立实践平台,促进资源共享。长期以来,大学生的就业创业能力和素质的养成,必然依赖于具体的实践行为。要充分考虑客观存在的高校重理论、轻实践等就业创业教育的弊端,在就业创业教育实践体系建设过程中,需要建立足够的实践平台,以保证能够有充足的实践活动使得学生能够将理论和实际操作相融合,在具体的操作中养成相应的就业创业思维,得到能力素养领域的全面提升。具体而言,可以从以下几个环节出发。

1. 举办更多的就业创业活动

在新发展格局下,高校就业创业教育实践体系的建设必然不能缺少更多的就业创业活动。就业创业实践应打破以往简单的就业创业竞赛等活动方式,并尽可能多地运用实际操作或情境模拟,使学生能亲身感受到就业创业氛围,通过多元化的实践方式,让尽可能多的学生参与其中。具体来说,如开设人才论坛、就业创业座谈会、学术讲座等,可以突破文理科等学科限制,帮助全部学生增强就业创业实力。当然,在充分考虑各个学生的不同特长以及不同专业的基础上,高校可以展开有针对性的实战活动。例如,针对设计类、美术专业的学生可以举办创业就业报刊交流座谈会,针对策划专业的学生可以举办策划专业方面的比赛等。

借助于一系列有意义的多元化实践活动，不仅可以帮助学生领会就业创业精神，而且能够加强学生之间的交流沟通。在多样化的实践活动中，学生能够建立和市场、企业、营销等就业创业中重难点环节的联系，不断积累经验、开拓思维，为之后的就业创业奠定基础。

2. 建立健全实践平台

大学生在走向就业创业岗位之后，很容易因为对就业创业的操作流程不熟悉、对市场的了解不够全面等各种各样的因素而面临着就业创业的失败。因此，在其真正步入社会、展开就业创业活动之前，高校需要建立健全实践平台，为学生提供足够多的实践机会，允许其失败，然后在失败中积累经验。作为培育高素质、高水平人才的实践平台，它不仅是连接理论与实践的桥梁，还是连接学校、学生与社会的重要纽带，将实践教育、科技研发、行业发展紧密地联系在一起。学生只有在自身实践中才能对所学理论有深刻的领悟，并能检验高校就业创业教育的效果。为此，高校学生要扎实参与学校组织的就业创业实践教育活动。例如，现阶段部分有规模、有经济实力的高校，为了能够更加方便学生的实践活动，在校区内打造了科技园区，为学生提供了更多的就业岗位和就业平台，允许其进行就业创业的相关实践。该方式取得了较好的成效，值得在全国范围内推广使用。

依据就业创业实践场地所占地域的区别，可以把就业创业实践场地分成校内、校外两个基地。借助于大学生、学校以及各个学院之间的相互合作，成立创新创业教育实体，专门开展大学生就业创业工作，设立独立办公室，建立大学生就业创业园、就业创业工作室，通过这些方式去落实学校内部的实践基地建设。就业创业工作室是大学生根据自身专业和就业创业意向，自愿、主动成立的场所，它可以模拟公司的运作方式，使大学生能像企业家一样感受就业创业的全部发展过程，提升其在实际运作中处理各种问题的能力。各个高校可以根据自身的实力建立不同规模的产业园区、科技园区，以此来帮助学生得到就业创业相关方面的实践培训。在一个熟悉的环境之内，有相关导师的辅导，学生更容易将自身的想法有勇气、有信心地予以践行。高校就是学生模拟就业创业活动的坚强后盾，要不断地鼓励、指导他们的实践行为，并且兼容并包，允许出现失败，着力营造轻松的就业创业氛围。

就业创业教育实践平台的建立，可以细化为以下几大部分。

（1）社团与团队平台。当前的高校中，社团种类日益丰富，各种各样的工作室、小团队层出不穷，可以将其作为校企合作的平台之一，推行学分制促进就业创业教育实践体系的调整优化。还可以选择一部分试点专业作为先行者，在社团与团队平台中展开实践活动，取得一定成效之后再大范围地推广。

（2）实践教学平台。实践教学平台在就业创业教育实践体系完善过程中占比较大的一部分，以校企合作为根基，推动学校、专业、企业、行业之间的信息共享，成立人才资源库，建立学生和社会、企业之间的有效连接。在项目实施、实践教学的过程中，教师带动学生展开实践操作，并以此平台为基础，学校和企业之间形成进一步的深度融合。除此以外，还可以引进企业的精英骨干展开一系列的实践教学，落实师徒制、导师制，增强实践教学的效果。

（3）服务平台。区别于传统的文化课教育，就业创业教育的成效并不是一朝一夕就可以看到的，这是一项需要常抓不懈的工作。它需要做好前期的规划设计，确立培养方向以及战略决策，面对教育过程中可能出现的问题能够提出有效的解决策略。因此，服务平台的建立至关重要，它可以把握人才培养目标、控制人才培养进度，致力于就业创业教育实践体系的建成。

（4）项目平台。学生的一系列就业创业活动必然需要项目的支撑。项目平台的建立，可以为学生提供培训指导、政策咨询、项目服务等一系列的辅助，帮助学生及时地、集中化地了解招聘信息、就业信息、创业信息、行业资讯等，为其日后的职业生涯规划搭建信息基础。

总而言之，实践平台的建设对就业创业教育实践体系的发展、学生的个人发展、教师队伍的建设以及社会与高校的就业创业人才的交流具有特殊的意义。高校可以通过拓宽校内外资源和渠道，为大学生就业创业教育奠定实践基础。

（二）推动教育改革，创新人才培养模式

高校所培养的人才必须是掌握实践技术的，因此推动教育改革至关重要。高校要以新发展格局为背景，结合企业、产业推行全新的办学模式，以企业需要、行业需要、产业发展作为向导，根据专业设置课程，实现专业人才和企业、行业之间的对接，力求人才掌握的技术能够和企业、产业的发展需要相吻合。建立一

系列的实践体系，在实践中帮助学生获得就业创业的能力，使其在走向人才招聘市场之后能够找到较好的就业渠道。具体而言，推动教育改革，创新人才培养模式可以从以下几个方面入手。

1. 改革教育目标

在新发展格局下，高校就业创业教育实践体系的建设应由原先的同质化教育转向个性化教育、差异化教育，以此来充分地挖掘个性潜能，因材施教，使学生具备合格的就业创业技能。而且就业创业实践教育也是素质教育的重要组成部分，教学目标更应该致力于提升学生的专业素养，使其能够切实符合日后的就业创业岗位需要。

2. 变革教育资源

在新发展格局下，高校就业创业教育实践体系的建设应当注重教育资源的变革，要从封闭式的教育资源向着更加开放的方向迈进，使其具有弹性化、方式更加灵活的特点。而且教学资源不应该仅限于校内，校外、社会、政府、企业等多项资源都应该成为高校就业创业教育实践体系的支撑。

3. 变革教育模式

在新发展格局下，校企合作将成为重要的实践教育方式。例如，把具备创新精神的企业家作为教学主体之一，由他们亲自向学生讲解自身的就业创业经历，并且搭配相应的实践指导，这不仅有利于促进理论和实践之间的融合，也有利于进一步巩固实践体系。除此之外，还可以借助和企业高层管理人员的商业合作、研讨交流等方式，帮助学生了解企业成果，同时也可以为企业引进有发展潜力的优秀人才。

4. 变革教育过程

在新发展格局下，高校就业创业教育实践体系的建设应由单纯的学校教育逐步转向"学校＋企业＋产业"的教育过程。整体的教学过程不仅时间变长，环节也变得更加精细。

（三）整合教育资源，构建全新的实践教育机制

高校在之前的就业创业实践教育过程中存在着诸多的问题，所以导致最终的

教育成果和预期有着一定的差距。当前阶段，由于科学技术的进步、市场经济的发展，高校和企业、产业、行业展开进一步的合作，因而整合教育资源至关重要。以专业、企业、产业为依托，创建高校就业创业的实践氛围是建成实践体系的必经之路。新的实践体系包含的内容多种多样，如校内体验、课堂实践、校外实践操作等，想要各项实践环节都能够取得较佳的教育效果，就需要综合性地借助各方的力量，形成合力之势，为实践教育提供客观条件、有力支撑、实践环境、师资力量，一起来保证实践效果的达成。例如，新建就业创业人才培养库，为其提供就业创业项目，将具备就业创业基础条件和想法的学生聚拢起来，由相关教师进行不间断的指导跟踪，学生在其各自的就业创业岗位上发挥职能作用，承担相应的责任，各司其职地展开项目的运营。在全新的就业创业教育实践体系中，教育资源更加开放、灵活、有弹性，校内体验、课堂实践、校外实践操作三大模块以自身的不同属性来吸引学生的关注和参与，教师通过对就业创业成果的分析判断，帮助学生查漏补缺，实现能力的提升，推动项目的进展。各项教育资源之间的互帮互助，共同为教学目标的实现奠定了基础。

在新发展格局下，就业创业教育实践体系应构建全新的实践教育机制，具备个性化、全覆盖、分层次的优势。首先，针对即将展开就业创业活动的人员，提供一系列个性化的实践活动，帮助他们度过磨合期，在社会上成功地就业、顺利地创业。其次，部分学生有着较强的就业创业积极性，理论课堂上的学习已经不能够满足他们对知识的需要，因此就业创业实践模块为其提供了有利的成长环境，可以针对他们的个性化特点、所学专业来提供相应的岗位以及实习机会，由此因材施教，锻炼他们的个人技能。最后，实践体系的建成，应当为全部的学生提供实践机会，在全覆盖式的培养中，提升人才培养质量，同时能够为高校赢得较好的人力资源口碑，有利于其接下来的招生。由此来形成良性循环，推动整个人才体系的逐步升级。对于已经离开高校展开就业创业活动的学生，也需要持续地跟踪教育，帮助其顺利度过就业创业的初期阶段。由此来构建体系化、全方位、全过程、有针对性的实践教育机制，既能够考虑到学生的个性需求，又能够落实实践教育的过程和方法，避免了传统就业创业教育的目标泛化，真正使实践教育落到实处。

（四）优化师资力量，深化校企合作

高校想要真正地完善新发展格局下的就业创业教育实践体系，必然需要师资团队有着足够的科研能力、教学能力和实践经验作为教学支撑。高校可以立足于需求点，合理地调整人才招聘制度，必要时可以适当降低对于学历的要求，并且以优秀的福利待遇、薪资水平来吸引企业精英加入教师团队，由此来创建新发展格局下能够和企业对接、和教学结合的"双师型"教师团队，有利于实践教育的健康、持续发展。与此同时，高校也可以酌情考虑提升福利待遇以及建立完善的奖励机制，以此来刺激在职教师更多地参与到实践工作中，激励其不断积累实践经验，充实自己的教学经验。例如，高校可以和企业展开深度合作，鼓励在职教师参与企业的实际工作；在等级晋升、职称评定的过程中，综合性地考量教师个人的学术能力以及实践能力。除此以外，高校要带头建立健全的培训体制，立足于实践教学的需要，充分考虑到各个专业的个性化特点，为教师提供加入行业协会的渠道，有针对性地展开业务培训，使其能够接触到最前沿、最尖端的技术以及行业信息，紧紧地把握行业发展的脉络，进而在教学过程中将这种新知识、新信息及时地传递给学生。总而言之，只有具备扎实的理论基础以及实践操作技能的教师，才能真正地践行就业创业实践教育。

此外，校企合作模式能够有效地实现与高校的资源整合和优势互补，使学生在掌握理论知识的基础上，了解并掌握企业的实际技术应用和产业发展方向。通过这种方式，学生可以在实践中找到自己的就业和创业方向，丰富专业知识，提高专业技能，进一步培养解决实际问题的能力。同时，学生有机会在零距离接触业务场景的过程中与行业专家、高级技术专家和业务经理取得联系。这不仅将帮助学生有机会获得行业专家和高级技术专家的一对一指导，而且可能在企业的实践学习过程中，通过企业管理者的考验并获得就业机会。对于合作企业而言，这一措施也有很大的好处。合作企业可以优先获得合格的专业技术人员，减少员工岗前培训的周期和成本，获得人才的竞争优势。在双方合作的过程中，企业为高校提供技术人员的岗位标准，并在整个过程中融入高校的人才培养模式，从而丰富企业经理在人力资源管理方面的理论知识，也有助于高校提高毕业生就业质量；高校根据企业的实际需求制订人才培养方案，并在员工培训上不断改进，不

仅节省了人力资源成本，而且为企业提前储备了丰富的优质人力资源，以方便企业选拔优秀毕业生。

（五）落实保障机制

为了确保高校就业创业教育实践体系建设的有效落实，相应的保障机制必不可少。

1. 激励政策保障机制

高校是以育人为宗旨的，企业则是以营利为目的，合作双方目的并不统一。因此，为了解决这一问题，有必要构建并执行适当的激励政策。就高校而言，虽然不可能与企业共享利益，但是实践平台获得的奖励、专利荣誉和产权可以与企业共享；对于企业而言，除了优先吸引人才和拥有专利权外，获得的利润也属于企业。

2. 组织管理保障机制

为了更好地落实高校就业创业教育实践体系建设，高校要结合校企合作管理和协同教育的原则，创建由政府、行业、企业、高校等各方组成的管理部门，并构建相应的组织管理保障机制，保证实践体系健康、长久地运行下去。对于各级管理负责人，有必要要求他们进行就业创业教育，要求他们掌握专业实践、生产和经营的相关知识，并具有全面的管理能力，为培养高层次的管理人员打下基础。

3. 继续教育机制

大学生在进入社会展开就业创业活动之后，会发现他们面对着各种各样不曾想象的困难。例如，缺乏行业经验、没有良好的合作关系、前期客户不稳定、资金压力大、家人朋友不支持、对财务税收法律法规了解不透彻等。而当事业步入正轨之后，他们在后期也会面对多种多样的困境。例如，前进动力不足、管理制度有限、运营混乱、效率不佳等。面对这些问题，高校要贯彻继续教育机制，在就业创业教育实践体系中提前针对这些困境难题提出有效的解决策略，防患于未然，真正提升大学生就业创业的孵化率，以全程跟进的态度来帮助学生就业创业，力求取得良好的效果，使得学生初期的就业创业活动能够在学校的帮助下顺利地展开，后期也能够借助于一系列的有效举措推动就业创业达到可持续发展。当前阶段，国家的经济以及科学技术呈现出了稳步发展的态势，想要切实地帮助大学生提升就业创业的能力，就要建立特色化、专业化、高品质的实践教育模式，为就业创业活动源源不断地输入活力。

第六章　大学生就业精准管理服务

第一节　大学生就业精准管理服务概述

一、大学生就业精准管理服务的内容

在大学生就业精准管理服务工作中,"就业"是其目标,"精准"是其核心,"精准"既是就业服务管理工作的要求,也是开展工作的手段和方法。精准要求高校在工作中融入更多的主动性和执行力,进一步厘清思路、构建体系、强化效果,采取针对性更强、作用更直接、效果更显著的方式,在就业指导和服务的精准度上下功夫。从内容上来讲,大学生精准管理服务工作包括构建精准就业识别认同体系、构建精准就业教育指导体系、构建精准就业管理服务体系和构建精准就业考核体系四个方面的工作内容和程序,这四个方面共同构成一个完整的精准管理服务工作体系。

（一）构建精准就业识别认同体系

1. 精准识别学生

精准识别学生包括对学生气质和性格、职业兴趣爱好、就业意向、就业能力的识别,其方式主要分为自我识别和外部识别。精准识别学生要做到以下几点。一是职业素质识别。在校学生在一年级和四年级分别参加职业兴趣、职业性格、

职业能力和职业价值的专业测试，通过测试结果的对比识别自己的变化与不同。二是职业发展目标识别。专业指导人员解读学生的基本测试结果，分析并修正其职业生涯规划和就业创业规划，帮其树立明确的发展目标。三是职业能力识别。根据行业需求制定每一个专业的职业能力结构，对每一位学生进行比较，并帮助学生制定职业能力发展的目标和能力提升计划。四是就业需求识别。要多角度、多渠道了解学生的就业需求，特别是在四年级要对每一位学生进行详细的职业需求调查，建立档案，有针对性地开展就业工作。

2. 精准识别专业和行业

一是教会学生了解和评价所学专业。各高校要通过"专业导论"课程，向学生介绍所学专业的就业方向，预测行业发展变化与所学专业的关系，帮助学生建立以专业能力发展为核心的职业生涯规划。二是提升专业与行业的对接能力。梳理并制定与专业有关的行业标准，将其引入到专业教育中来，定期选派专业教师或者就业指导人员到行业中挂职锻炼，以更好地指导专业的学习。三是主动对接行业协会。建立与行业协会的联席会议机制，掌握行业发展态势和需求。四是准确把握地方经济建设。围绕政府的规划布局，以现代服务业和现代农业发展为龙头，关注高端成长型产业和新兴先导型服务业的发展，重点围绕电子信息技术、新能源、汽车制造、新材料等产业培养具有现代服务意识和能力的应用型人才。

3. 精准识别用人单位

一是教会学生评价用人单位。逐步建立和完善包含所属行业、地域特点、企业文化、用人条件、待遇发展等因素的用人单位识别指标体系，通过"专业导论""职业规划""就业指导"等课程教会学生保持正确的心态，增强分析和评价用人单位的能力。二是学校和学院要建立并完善校、院两级用人单位数据库，用分类和聚类的方法，按照企业的价值高低来细分用人单位，并依据学生需要准确推送。三是逐步建立客户关系管理（Customer Relationship Management，CRM）系统。通过客户资源管理、销售管理、客户服务管理、日常事务管理等板块工作的有机融合和完善，实现吸引新客户、保留老客户，并将现有的客户转为忠实客户。四是保持与用人单位的及时互动。通过准确、及时收集和汇总用人单位的需求来制定学校的就业规划和方案，将信息分类别反馈到专业的人才培养中去，同时将学校人才培养规格和数量准确地推送给用人单位，满足其选择的意愿。

（二）构建精准就业教育指导体系

1. 精准设置教育指导内容

一是心理素质的养成。积极向上的心理状态在就业的准备、执行和完成的过程中非常重要。通过思想政治教育、心理健康教育、团队活动、志愿服务等活动训练培养学生主动、自信、抗挫、乐观等积极的心理素质，增强其在就业中的优势。二是专业知识和技能的教育。针对所需的专业知识和技能，树立符合学生和行业发展需要的育人目标，辅之以完备的知识体系和能力建设。在知识体系中设置新知识的课程模块，保证行业的最新知识能及时、完整地被引入课堂；加强专业知识教育中的实践实训环节，促进专业知识的消化吸收；采取职业指导网络课程、"慕课"等形式进行就业知识的传授，并且通过专题辅导来消化巩固。三是能力素质的提高。充分重视就业力的实践性和综合性，建立以课堂教学为主渠道，以讲座、论坛、培训为补充，以能够锻炼大学生基本能力的辩论赛、演讲赛等和能够增强大学生职业能力的"职业生涯规划大赛""模拟招聘大赛""自荐书制作大赛"等专项活动为载体的丰富的活动课程体系。

2. 提高就业教育指导的科学性

一是就业教育指导应体现全程化。例如，大学一年级时指导学生了解社会职业和就业情况；大学二年级时引导学生认识和选择职业；大学三年级时指导学生了解市场和用人单位需求并参与招聘实践；大学四年级时指导学生的求职技巧，并对就业政策进行讲解。二是就业教育指导应体现专业化。教育指导人员采取专兼职相结合的方式，面向校内外公开选拔。严格准入制度，通过专业的职业指导师资培训，建立轮训和提升机制，建立一支数量稳定、结构合理的校级指导专家队伍。要建立一支涵盖校内外行业专家，人数不等的就业指导队伍。加强就业的理论和实践研究，鼓励课题申报、论文撰写等理论研究和校本研究。三是就业教育指导应体现个性化。从新生入学开始为每个大学生建立职业咨询和指导档案，根据每个大学生的特点为其制定个性化的职业指导方案。做好毕业生求职意向调查，精准掌握毕业生的求职地域、意愿、薪水等意向，分类、分专业建立毕业生就业档案，挖掘校内外优质资源，做好考研、公招、专项就业等培训班。建立个性化指导预约机制以及学校就业指导专业人员的值班制度，及时、准确地解决学生就业中遇到的问题。四是就业教育指导应体现信息化。积极为学生收集、发布不同用人单位的职业需求信息，并全力邀请各行业、多种类的单位来学校参加招聘活动。把求职技巧、就业政策与法规等精编后印制成小册子，发给每一个学生。

3. 精准帮扶就业困难毕业生

高校应特别关心并做好就业困难群体的就业帮扶工作，掌握家庭经济困难毕业生、低保家庭毕业生、残疾毕业生等各类就业困难毕业生的基本信息、求职意向和就业进展情况，精准开展就业指导服务工作。对于经济困难的学生，可以给予求职专项经济补助；对于就业困难的学生，可以梳理并建立困难毕业生台账，配备辅导员、专任教师、职业指导师等作为"一帮一"联系人，开展谈心辅导和就业技能提升服务，完善帮扶制度，帮助他们顺利就业。各部门要发动管理干部和人员主动参与就业困难毕业生帮扶工作，建立全员参与就业指导机制。同时，做好毕业未就业学生的跟踪指导、就业信息服务等工作。

（三）构建精准就业管理服务体系

1. 厘清就业管理系统服务体系的内涵

一是把握就业管理服务工作中的主体。根据主体的特点和功能，充分发挥政府主管部门、高校、企业、学生、社会和家庭六个主体在就业工作中的作用，取长补短，形成就业合力，促进学生的充分就业。二是厘清就业管理服务工作中的关键节点。分解并分析管理过程中的目标和任务，特别关注就业数据采集、平台搭建、信息推送、市场拓展等重要环节的标准的制定和实施，通过标准化的管理和措施，使每个环节得以最大效率地运转，并通过有效耦合，最终实现就业管理整个系统效率的最大化。

2. 运用大数据进行就业管理服务

一是精准收集需求信息。建立用人单位需求数据库。加强对国家发展战略政策的收集分析，加强对社会经济发展的信息收集分析，加强与产业行业人才需求对接，将宏观、中观和微观的信息数据化，并通过数学建模等方式预测今后一段时间的人才需求类型和规模。通过综合预测信息提高专业设置和建设的能力，统计并分析政府工作报告、行业趋势、企业发展的公共数据和专业数据，建立应变互动机制，提升预测水平和应变能力。准确把握学生的就业成长需求和自身的特色特点，了解学生的真实需求。二是实施过程数据监测。定期发布实时就业需求、就业进度等数据状态报告。精细化管理人才培养过程、专业质量建设、人才培养状态、就业需求形势、就业效果评价，为专业设置优化提供翔实的数据支撑。加强行业参与过程管理，深度指导人才培养，参与实习实训，前置就业管理工作，将监测到的过程数据与行业人才要求数据进行动态对比，及时发现问题与不足，及时反馈到人才培养环节。三是强化就业数据收集。数据收集要完整，尽可能收集全部与学生就业有关的数据信息；数据收集要有关联，范围包括与此相关的行业、企业等市场信息及社会信息；数据收集要连续，要从一年级到四年级全程收集。

（四）构建精准就业考核体系

1. 准确地自我评价

一是学校和学院在各种形式就业指导和教育中要教会学生如何准确地自我评价，正确评价自己的优点和不足，鼓励学生建立自信心。二是推动自我营销管理，适度包装。由于用人单位很难在短时间内准确地了解每个人的优点和能力，因此可以教会学生进行自我营销，反复训练学生用积极的、准确的语言评价自己的性格特点、学习情况、能力素质等，并针对某一方面总结出2~3个关键词或小故事，体现出个体差异性。

2. 精细化评价内容

一是坚持以就业率和满意度为就业评价的基本指标，在此基础上细化不同类别、不同专业学生的就业率，丰富评价的内容。二是以高质量就业为着力点，提高学生的就业满意度。梳理和完善高质量就业的指标和内容，特别要以既满足学生发展需要，又符合学校人才培养需要的项目为切入点，加大工作力度，完善激励机制，使就业考核在具体的参与人数和最终效果上均有突破。

3. 精选评价主体

坚持第三方评价，建立健全毕业生就业质量调查反馈体系，继续做好第三方评价并形成社会需求与人才培养质量报告。建立用人单位评价机制，征集用人单位对学校和学生的评价，分析汇总，及时反馈。各学院要制订深入行业、回访用人单位的计划，每年至少形成一篇与本学院有关的行业调查报告。适时引入家长的评价，整合各方力量推进就业工作。

4. 精准就业考核

就业考核的主要目的是对工作效果进行反馈、经验总结和改善工作机制。就业考核既要坚持过程化，又要考察结果化，细分工作的环节，合理设置考核指标，注重柔性的效果和评价的广泛性，真正通过精准考核的结果反馈来促进就业工作的长效发展。

二、管理服务的着力点

（一）完善新机制，积聚新动力

1. 抓好顶层设计，加强政策引导和扶持

实施精准就业管理服务工作具有重大现实意义，涉及国家未来的战略布局、经济建设、高等教育发展以及人才战略的实施等诸多方面，因此必须高度重视、整体规划，进一步厘清精准就业管理服务的目标、意义、任务、途径和保障等关键因素。对于能够成为实现精准就业支撑的领域，抓好顶层设计，加强政策引导和扶持。例如，在大数据和现代信息技术方面，国家层面要建立大数据发展战略规划，将大数据作为战略发展资源进行整体采集、管理、开发和利用，做好数据安全，形成一套完备的数据体系。坚决练好内功，做好高新技术的研发和应用，为精准就业奠定技术支撑。各级各类部门要完成相应规划，要从各级教育行政主管部门的相关规定出发，制定并统筹大学生就业精准管理服务工作，形成大学生就业资源的集群。各高校应紧紧围绕国家的战略布局和工作要求，顶层设计学校近期和长远的就业精准管理服务工作，制定相应规划并着力实施和完善。

2. 坚持协同推进形成合力，完善精准就业管理服务工作的合作机制

精准就业管理服务工作的实质就是将就业信息数据化，通过科学的数据管理和处理技术，提升信息的价值，提高利用率。就业工作的主体多、涉及面广、时间链条长，因此信息的收集、处理和存储各个环节更需要政府、行业、用人单位以及学校内部各个部门的配合，这样才能形成完整的数据，进而形成合力。同时，大数据时代的全面来临、技术的飞速发展、数据本身的流动性和获取性，都将用人单位、高校、大学生以及政府紧密地联系在一起，增强了各方之间的互动性与协调性。将高校招生、教学、学工、后勤等职能部门掌握的基础信息进行数据共享和完善，提升数据的价值。建设大学生就业信息大数据中心，加强大学生就业数据的采集、清洗、管理和分析，通过云计算等手段建立数据间的关联性，为数据赋能增值，实现大学生就业信息数据的统一管理，使每一个就业主体都有专属的通道，能够在数据中心提供、交换和使用就业的数据信息，以此提升精准就业服务工作水平。

（二）利用新资源，挖掘新价值

1. 大数据思维的核心是数据

数据不仅仅是为了描述一个事物的属性而存在，其更高层次的作用是通过数据间发生的关联以及关联的积累分析来描述事物的发展规律或者问题的本质原因，从而预测事物发展的方向或者解决事物的问题等。大学生就业涉及政府、高校、用人单位和学生等多个方面，有着海量的就业数据可以利用，因此我们可以对数据进行深层次的挖掘，提前研判就业发展的趋势，把握大学生需求以及可能出现的问题，提前制订工作方案进行干预，提升就业管理服务的价值。当然，因为大数据的应用刚刚兴起不久，整个研究和技术处于起步阶段，高校还没有具备单独挖掘的技术和能力，所以在大学生就业数据的挖掘方面应该整合相关资源，联合有实力的科研院所、企业等单位，通过产教研融合的方式联合开发就业数据资源，充分挖掘就业数据的价值。

2. 拓展数据价值，持续开发数据平台价值

大学生的就业状态和用人单位的需求在持续产生变化，只有准确的数据才能让学生和用人单位建立可靠的联系并且通过数据快速匹配对接在一起。例如，毕业3～5年的学生，大部分都有着职业转换、发展的需要，而大量的机构、企业、

事业单位也同样有着对这方面人才的需求。精准就业管理服务系统通过"一旦拥有，终身有效"的服务模式，及时收集供求信息，及时对比推送，准确建立连接，精准满足供需双方的需要。这种方式还可以演进为一种合理、合法的商业化模式，由大学生就业部门牵头，行业协会或者其他组织提供支持，通过持续的数据信息的融通，真正挖掘就业信息大数据的市场价值，构建合作化机制，让精准就业管理服务走出校园，陪伴大学生终身，并不断迭代升级，成为大学生职业发展的坚实支撑。

（三）创新工作模式，助力供给侧结构性改革

1. 解决就业问题

随着高等教育大众化的深入，大学生人数总体上处于逐年递增状态，加上国家经济社会处于转型发展关键期，新技术和新产业不断出现，导致产业结构调整速度和规模加剧，新兴产业对人才的需求持续增长。高等教育虽然已从精英教育进入到大众教育阶段，但是学科建设、专业改造与市场的发展速度不够匹配，滞后于经济社会和就业市场发展对人才的需要，出现了人才供给的问题，导致了大学生有业难就、企业有人难招的结构性矛盾。大学生不能就业、企业招不到人的两难局面将在一定的范围和时间内存在，其根本原因是人才培养满足不了社会需求。具体体现在：一是高校不能准确把握就业市场对人才类型和规格的需求，二是高校不能及时地把就业市场对人才的需求转化成实际的人才培养方案。因此，精准就业管理服务工作通过科学地处理就业信息数据，可以提前预告行业和企业对人才类型结构的需求，同时精准地匹配相关或者相近学校专业、用人单位和个人，从根本上解决就业问题。

2. 助力高校供给侧结构性改革

一是就业数据信息的精准化。在就业数据的收集中，通过收集大学生成长的全过程数据以及大学生就业工作过程中政府、高校、用人单位和大学生等多方主体的信息，实现就业数据对就业主体的全覆盖。在就业数据的收集中，要做到信息采集和录入准确无误，保证数据信息的完整性和真实性。在进行就业数据的管理和使用时，要将用人单位和学生的需求进行分类，以双方的需求类型来设置信

息的类别，以相似度为依据把相关的信息进行匹配，保障信息交换的精准匹配和推送，保证精准匹配的有效性。建立数据的安全机制，利用云计算等技术进行网络备份，确保信息安全，形成有价值的数据库，满足无限制的重复使用。二是完善管理服务体系的精细化。通过构建"以人为本"的精准就业管理服务体系，实现从"管理为主"向"服务为主"转变，从"教育为主"向"指导为主"转变，从"经验为主"向"创新为主"转变，坚持把数据的处理、关联和研判作为大学生就业管理服务的工作的决策依据，使之起到指挥棒作用，创建更为高效务实的就业管理服务体系，提高就业精准化管理服务的水平。

（四）开展技术研发，拓展工作新内容

目前对就业数据的开发应用的层次还不高，仍停留在录入、匹配、对接等传统工作模式下，缺乏根据大数据背景下大学生就业工作来探索并拓展新的内容，如通过对新发展格局下的新形势、新情况和新要求的研究与判断，总结出近3~5年就业市场对人才类型的需求趋势；对数据价值进行深入挖掘，通过数据的关联、重组等方式分析和解读，研判就业市场需求发展方向。只有提前对数据进行挖掘和分析，才能把握人才培养改革的趋势，调整人才培养方案和学科专业设置，更好地对接市场、贴近市场，这将会是今后大学生就业工作的重点和难点。

要做好就业工作，一是要积极研发新的技术，特别是针对就业教育服务的实效性方面进行技术的深度开发，满足工作的需要；二是要加快政策和理论研究，积极开发新的技术，特别是加强互联网、人工智能等手段在精准就业管理服务工作中的运用，挖掘并利用好长期以来积累的大量就业相关统计数据，通过前后数据的关联，加上计算机技术的分析，建立就业发展趋势模型，为就业教育指导、就业理论研究及事务工作的提档升级、纵深发展提供科学的依据。

第二节　精准就业管理服务体系的构建思路

随着精准就业管理服务的兴起，教育主管部门、高校和大学生就业服务机构都对精准就业管理服务体系的构建进行了实践探索，产生了一系列的成果，基本

在精准就业管理服务的技术与思维支撑、组成要素、运行机制等方面达成了共识，并探索出了基本的构建思路。

一、技术与思维支撑

（一）大数据技术

随着计算机、互联网等信息技术的蓬勃发展，每天产生的数据逐渐增多和丰富。大数据技术便是随着数据的丰富和日趋重要而产生的一门研究数据的新兴技术，主要包括数据采集、管理、分析、评价、安全等方法和技术。大数据技术通过一系列的方法和技术让数据成为有价值的信息，为各行各业决策和战略的提出与实施提供强有力的支撑。随着对大数据技术的深入研究和广泛使用，数据科学作为一门方法和技术发挥着越来越重要的作用。相比传统数据而言，大数据的特点就是数据体量大、数据类型多、价值密度低、处理速度快等，通过对数据进行采集获取、整理清洗、分类管理、模型构建等，可以发现事物自身发展和运行的规律，为发展趋势的预测和方案的制订提供有力的依据。大数据技术对数据的系统化、整体化和科学化的处理正是精准就业实施的基础，有了基于大数据技术的对就业数据的收集与分析，才能找到海量、多边和无序的就业工作数据的规律，实现看似毫无关联的信息和主体之间的沟通和回应。整个就业工作系统因为这种沟通和回应的相互作用而变得鲜活起来。

（二）云存储技术

云存储技术是目前最为流行和安全性较高的数据存储与读取技术。人们可以通过云计算核心技术来分析数据，最大限度地实现数据的整合、共享和互动，得出科学的结果。目前大学生就业数据绝大多数分散在教学、学生工作、后勤、学院等不同的部门之中，没有形成完整的数据库，更没有运用大数据技术对其进行价值挖掘。实现大学生就业精准化管理服务的基础就是数据的整合，要把零散的数据集中在一起，从单一的学生个人信息延伸到包含政府的政策、用人单位的需求以及学校的特点等多维度信息，最终形成完整的有价值的数据库。高校大学生就业大数据建设不能一蹴而就，需要整体设计、长远规划和分步实施，应该先从大学生的实际需求出发，以功能实现为原则，将所有就业相关的元素数据化，用数据精准描述学生、描述用人单位、描述就业政策和环境，用数据处理的方式将就业管理服务的关键节点有效地连接在一起，形成管理服务数据链条，通过有效的整合，形成有规模、能联动、可开发的就业数据库。大学生精准就业管理服务体系一旦形成并投入应用，随着就业数据的增加以及系统的不断完善，加上每届毕业生和用人单位发生有效的就业行为，就业数据库将会逐渐成为各学校独具特色的云数据库，通过对海量的数据进行分析可以对人才培养的效果进行考察，可以对人才需求方向进行研判，可以对学生的需求发展模式进行预测，尽早谋划、积极干预、准确发力，最终实现就业管理服务的精准化。例如，在就业分层指导工作中，准确地找到就业困难、需要帮扶的对象是非常重要的前提。在就业数据库中可以通过对每一个人在就业过程中所发生的全部动作数据进行分析，判断出一个人的就业状态，从而有针对性地进行准确帮助辅导，把就业指导前置和个性化，真正实现就业管理服务的精准化。

（三）物联网（智能终端）技术

物联网是通过互联网等现代信息技术将两个物体连接在一起产生信息交换的网络，可以实现点对点的链接，它以互联网为基础，利用终端延伸和扩展，实现物物之间、物人之间和人人之间的信息交换与通信。物联网的功能主要是通过智能终端技术、识别技术、计算技术和通信技术等现代信息技术来实现。其中，智能终端技术是实现物联网的关键和核心。智能终端技术的实质是将计算机系统进行高度精细化的改良并植入具体的设备中，让各种与人连接的设备具有移动、方便、高效、及时等特点。随着科技的进步，设备类型变得越来越丰富，如智能手机、触摸交互机、云摄像头、读卡器和扫码器等。在现实生活中，大学生随时随地都在使用移动终端，移动终端甚至已经变成了大学生生活的一部分，成为大学生学习的重要助手。如果把精准就业管理服务体系比喻成一个鲜活的人，那么大数据就是其灵魂，物联网和智能终端就是其神经和躯体。在大学生精准就业管理服务体系中，智能终端的作用是通过数据采集、数据传递和信息表现实现连接，建立用人单位、学生和学校之间高效、无缝的连接，具体可以根据学校的特点以及供需双方的实际需求来自主设计与建设。在大学生精准就业中，智能终端的使用可以实现大学生随时随地了解信息和参与就业，只要有网络的地方，大学生就能参加用人单位组织的宣讲会，能降低其就业成本；学校可以摆脱场地硬件条件的限制，满足多家用人单位的需要，并且可以帮助用人单位减少人才招聘的成本，最大限度地满足用人单位与大学生双方的需要。用人单位组织校园招聘会或就业宣讲完全可以通过云视讯，在智能终端如计算机、手机上安装视频直播软件，在虚拟的会议室召开招聘宣讲会并且进行同步直播，用人单位的数量和时间不受限制，学校宣讲的场地和时间不受限制，学生的参与形式不受限制，充分实现移动就业和精准就业。

（四）"互联网+"就业思维

"互联网+"就业是将互联网技术和方法与就业的每一个节点相结合，重构工作模式，促进用人单位和大学生之间有效沟通和连接，增强了解，达到认知和认同的过程。"互联网+"就业是大学生精准就业的核心，可以解决目前就业信息不对称、推送不及时等问题。互联网具有开放性、平等性、互动性和智能性的特性，可以实现精准就业的开放、平等、互动和智能，如果大数据和智能终端分别为精准就业管理服务体系的灵魂和躯体，那么"互联网+"可以称为精准就业管理服务体系的血肉，让精准就业变得丰富、变得鲜活、变得有亲和力。在传统的就业管理服务的基础上植入大数据、物联网和云计算的概念与技术，将它们深度融合，可以延伸和寻找就业主体的需求，进一步拓展服务范围，可以运用互联网的优势进一步优化管理服务流程，可以充分整合校内外各种资源，利用好零碎的时间和网络空间，提高就业管理服务的质量和效率。例如，在就业签约服务工作中，可以在精准就业手机应用中设置网上签约系统，当大学生和用人单位经过前期对接匹配与了解认同，达成就业意向后，大学生便可以在系统中通过自己专属的二维码与用人单位建立就业合同链接。签约提交后就业管理部门可以在后台进行审核、归档、统计和发布。签订协议的甲乙双方还可以根据需要打印就业协议。这样不仅减少了中间无效的环节，还增强了学校对就业环节的监督效应，在最大限度地保护大学生的同时，大幅提升了用户的服务体验，提高了效率，增强了认同感，实现了精准服务。

二、组成要素

（一）功能

大学生精准就业管理服务体系有着五大功能要素。

1. 招聘求职功能

招聘求职功能主要包括满足招聘求职过程中，供需双方之间高效、快捷地建立连接、实现沟通、充分了解、得到认同的要求，最终实现供需双方的满意匹配。招聘求职功能的精准实现主要有需求的数据化描述、学生的数据化识别、供需自动化匹配、信息精确化推送、时间和空间的最大化利用等基本内容。

2. 就业指导功能

实现大学生精准就业不仅仅是简单的供需匹配以及简单的宣讲见面，该项工作中更为重要的是精准的就业指导。从大学生进校开始到毕业离校，都是其职业化的过程，在就业力打造过程中，根据年龄成长规律、专业的发展路径、社会的需求规格来分层、分类地识别学生、教育学生，指导学生开发出每一个人独特的、完整的就业竞争力。实现就业指导功能主要依靠职业素质测试、就业社区、就业创业指导、就业精准帮扶等方法实现。

3. 就业管理功能

就业管理主要是针对就业主体日益增长的对就业工作质量和效果的高要求而实施的相对应的管理职能。但是随着科技的进步、社会的发展，人们的生活、学习和工作方式发生了翻天覆地的变化，传统方法已经不能适应现代社会的需求，所以建立现代化的就业管理体制势在必行。其内容主要是解决主体的人力、财力和时间成本的不必要损耗，提供网上签约、自助服务等方式的就业服务。

4. 精准决策功能

精准就业管理服务体系是以大数据为基础，智能终端为载体，云计算为核心的现代化特征明显的信息收集和高效决策体系。其目的是使就业主体在纷繁复杂的信息流中迅速识别、找到、运用自己想要的、利于自己发展的信息和资源，助力于自身发展。作为组织者、管理者和教育者，学校要能够通过对大数据资源的开发利用，建立未来就业、行业需求模型，对接市场，对接未来，完善发展规划，调整人才培养方案，提高人才与市场需求的匹配度。该项功能主要通过云计算技术以数据统计、多维分析、形成报告等方式来实现，并为决策提供支撑。

5. 就业延展功能

精准就业管理服务体系是以大数据为基础的体系，在高校的办学发展形态中，学生的数据源源不断地产生，人才培养的不间断特征可以吸引企业持续关注和参与精准就业管理服务体系的建设，这个体系随时可以满足用人单位在任何时期、对任何类型人才的需求，促进企业发展。同时，持续的企业参与为大学生的实习就业提供了更为宽广的天地，大学生的终身职业发展需求的教育指导、信息推送、企业资源等都可以在精准就业管理体系中找到，这种现实与需求之间的良性互动还可以满足大学生再就业服务与用人单位人才需求即时服务等常态化、长期化的延展功能。

（二）载体

载体就是大学生精准就业管理服务体系的具体呈现形式，也是其功能得以实现的保障和基础，主要体现为硬件的建设和投入，即物联网和智能终端的建设与连接。大学生精准就业管理服务体系的建立必须要有完整的架构，归纳起来可以概括为"一个中心、三个平台"。"一个中心"是指就业管理大数据运维中心；"三个平台"具体是指以就业网站为依托的互联网平台，以精准就业手机应用、微信为内容的移动网络平台，以智能手机、自助打印机、触屏查询机等为支撑的物联网平台。就业管理大数据运维中心负责大学生就业数据的收集、处理、运营、监管与决策。建立大学生就业管理大数据运维中心的核心和基础就是要将就业数据纳入数字化校园建设的规划中进行整体设计与实施，这样可以打破部门间的壁垒和条块分割的瓶颈，将所有就业数据融合成一个体系，形成一个没有限制、没有盲区、高效率的就业大数据中心。可以说，就业管理大数据运维中心是大学生精准就业管理服务体系的"中枢"。互联网平台将精准就业管理服务工作纳入网络，用互联网思维整体设计和实施，其具有开放性、兼容性和平等性；移动网络通过云计算等技术找到就业供需主体、管理主体、教育主体的需求点，并且精准地建立有效连接，推动各元素了解、认同和互动；物联网平台满足了用人单位和学生的就业底层需要，移动就业、随时随地就业，减少了就业主体的成本，促进了就业工作的良性发展。

（三）关系

关系是一种状态的总称，大学生精准就业管理服务体系中的关系主要是指就业各主体之间相互影响、相互作用的状态，其实质是需求关系、供给关系、主次关系以及关系的良性或者恶性的走向。明确关系要素能有效地推进大学生精准就业管理服务工作。不同的关系类型决定着不同的沟通交流模式，这些关系集合决定了大学生精准就业管理服务的多样化、具体化和个性化，同时决定了大学生精准就业管理服务的目标事项的路径、内容设置的依据和开展工作的方式。在构建大学生精准就业管理服务体系之前，一定要弄清楚就业主体及其之间存在的关系，通过各方的需求逐一梳理不同的关系类型，建立适合并能够促进关系发展的信息沟通交流模式，通过传统的关系重构，使新的形式和内容形成多维度交织、共生共赢的新型协作关系，构成高效、开放的大学生精准就业管理服务体系框架，全面提升就业主体的参与体验度，突出高校管理服务的主体性和主动性。

三、运行机制

（一）联动机制

1. 校内联动

精准就业管理服务体系能够实现就业与招生、教学、学生工作等职能部门之间的联动。国家为了进一步推动高校内部治理现代化建设，要求高校编制大学生就业质量年度报告，并且面向社会公开发布，一是让社会和家长满意，二是让社会和家长监督。建立和完善大学生就业创业状况报告机制，还可以让高校对标社会和家长的要求，以此为标准，制定和完善学科专业预警与退出机制，在校内建立和逐步形成就业、招生、教学、财务和人才培养的联动一体化。要做好精准就业管理服务，只有实现校内联动，把就业工作视为学校人才培养的一个环节，才能理顺校内关系，减少冗长的管理环节，减少内耗，形成合力，最终尽可能满足所有学生就业而实现充分就业，尽可能满足学生就业的愿望而实现高质量就业。

2. 校外联动

精准就业管理服务体系能够实现高校与政府主管部门、行业企业、社会和家庭之间的联动。首先，高校与政府之间要实现就业政策和资源的联动，通过信息化和数据化处理，整合好政策等资源，加强学校就业管理服务的方向性和准确性，准确地将政策和资源信息传递给大学生，引导大学生积极地将自己的规划与党和国家战略布局结合起来，提高就业的理想和现实的匹配度。其次，就业工作本身的特点使之具有多方主体的就业格局，实际上就业将学校和政府、社会、用人单位紧密地联系在一起，形成了一个有机整体，这种覆盖领域广泛的特点决定了精准就业管理服务体系不仅是服务于学生的成长和就业，还承担着促进社会经济进步、行业持续发展的责任；同时通过正向而有效的学生和社会服务，也促进了高校自身建设，增加了美誉度。校外联动的方式增强了高校人才培养的合力，有力地推动精准就业工作发展。

（二）责任机制

责任机制主要是指在推行精准就业管理服务的工作中，为了保障整体工作的准确、安全以及高效地实现策划目标，而将工作任务和内容分解落实到具体的人或者部门的一种工作机制，其内容主要是学校、部门和学院的负责人在整个工作中承担的责任和义务，根据部门的职责划分和学校赋予的特殊任务来明确责任。责任一般分为主体责任和共同责任，在日常的工作中主体责任根据工作职责的划分来界定。共同责任则是指在精准就业管理服务体系中，围绕共同性的问题，每个部门所担负的责任，这里主要是指就业数据、互联网络、移动网络、物联网络建设工作中的责任。

首先，保证就业数据的准确性。数据的准确和有效与否体现着对政策的理解程度、对用人单位需求的把握程度、对学生特点的呈现程度的高低，可以说数据的准确性是精准就业管理服务的基础。就业数据组成的多样性决定了数据的来源多、采集环节多以及无效信息多，必须建立并完善就业数据执行标准，规范数据的来源及其甄别、管理和分析的流程，建立采集和管理责任机制，保障就业数据来源清晰、收集准确和分析有效。其次，就业数据的安全尤为重要。就业数据基本包括学生成长中的所有数据，不仅包含学生隐私和用人单位商业信息，更涉及就业主体的切身利益，如果被不法分子或者被不良商家利用，就会为就业主体带来极大的损失或者伤害，甚至出现群体性的事件。因此，建立和完善就业数据安全的责任制，在就业信息收集、分类、存储、管理和使用等方面做好完整的、规范的制度建设，依法依规管理数据，保证数据的安全。

（三）协调机制

协调是管理服务工作中一项具体而重要的职能，在系统管理中，主要是指内部的各种组成元素及其之间相互影响和相互作用达到系统效能的最佳状态。面向外部是指在与高校同等或者优于高校的系统之间建立有效的连接，最后达到不同系统之间资源共享、信息共通等取长补短、相互促进的状态。建立大学生精准就业管理服务体系的协调机制，不断调节和完善系统内部和系统间的平衡关系，以达到系统的良性运行状态。根据就业工作职责和权利，准确界定就业管理服务职能，确保工作之间的无缝衔接，确保就业管理服务既不会重复建设和过度管理，又不会出现管理服务的空白，确保就业要素间的有效耦合。同时，建立协调机制的重点是将不同的部门和岗位看成一个完整的、独立的子系统，通过建立子系统沟通对话和反馈机制，统一目标、认识和标准，建立交互通道和模式，保证系统各元素间的数据互用、资源互享、信息互通和协同互进。

（四）评价机制

评价机制是就业管理服务有效质量控制和状态描述的实现方式之一，可以通过评价了解工作的不足，加以反思和改进，也可以通过评价总结经验，继承和发扬优秀的做法。就业评价主要依托就业过程的详细数据来开展，通过具体的数据评价来掌握系统运行的效率，分析核心问题，研判发展趋势以及需求的达成程度等。在对大学生就业进行评价时，要根据就业管理服务的预定目标、具体的管理服务方式和管理服务的主体选择评价的维度与评价方法，可以针对状态进行即时评价，也可根据效果进行未来评价。坚持就业评价多样化，不同评价方式之间可以弥补不足，多采用现场访谈、问卷调查和网上评价等形式。其中，最快捷有效的是网上评价，因为网上评价能够准确、及时地对信息推送的效果进行反馈。

（五）保障机制

保障机制是指为了推行精准就业管理服务的有效实施，需要从系统的每一个环节出发，根据工作需要开展，按照人力、财力、物力等类别进行资源的持续投入，资源的投入既保证系统的基本运行，又能助力其纵深发展。大学生精准就业管理服务体系的建设过程是从无到有的过程，因此，建设前期物质成本、人力成本和时间成本的投入会非常大，甚至在前期从无到有的过程中其效果有时还不及传统的手段，但是一旦系统成型并进入正式的运营后，后期投入就会大幅降低。为了实现预判，针对就业可能存在困难的大学生做好提前调查和统计工作，就业管理服务部门需要在智慧校园建设中设置精准就业管理服务模块，如在物联网终端的建设中添置打卡器等硬件设备，搭建物联网以便随时随地采集学生就业行为信息，汇总分析其状态，这个过程中将会投入大量的人力、财力、物力进行建设。随着管理服务构建结束并进入使用阶段，在积累了海量数据的基础上，通过云计算，潜在就业困难学生就会被数据分析系统自动识别并实时标注，与传统的依靠学生工作队伍逐个筛查的形式相比，精准就业管理服务体系建成后会节省大量的人力、物力，而且这种滚雪球式的数据积累会建立更加准确的数据模型，甄别每一个可能涉及的维度，保障系统的准确性和高效性。

四、构建策略

构建大学生精准就业管理服务体系要遵循以学生为本、坚持平台建设、融入整体智慧校园、打造专业化队伍、加强信息安全建设五个策略。

（一）以学生为本

高校的职能是培养人才，服务社会，推动经济发展，其核心工作就是人才的培养工作，所以其工作的出发点和落脚点必须体现在学生身上。具体而言，在大学生精准就业管理服务体系构建过程中，一是要契合新时代学生个体的生活习惯和学习特征，通过换位思考，精准把握学生对就业管理服务的需求。特别是新时代的大学生是伴随着互联网长大的一代,其对互联网等现代信息手段的依赖和认可已达到一定的高度,所以精准就业管理服务系统的核心是以互联网为依托,采取学生喜闻乐见的形式,使用学生听得懂的语言,搭建日常学生沟通交流的载体,把就业管理服务融入学生的日常生活中。二是评价主体要以学生为主,以学生本人是否满意作为管理服务工作水平高低的重要指标。在满足学生需求的同时注意需求的可变性,即学生的需求本身是发展变化的,精准就业管理服务系统要能预测这种变化,并能通过前瞻性的预设来应对这种变化,更加充分地满足学生的需要,实现以人为本、以学生为本。

(二)坚持平台建设

从目前的状况来看,大学生精准就业管理服务平台的建设主要有三种模式。一是他建模式,即与互联网公司等科技企业合作,由专业化团队来负责系统的设计、开发和维护,并持续提供技术支持服务,高校就业管理职能部门负责平台的使用、运营和管理。这种模式的优点是平台建设技术比较成熟、完善和安全,系统的功能强大,师生体验感强,改善的效果比较明显,高校之间的互通性和数据共享性程度高。但他建模式的缺点是学校与企业沟通比较复杂,且该管理系统不一定能体现出学校的特色,后期维护费用高,升级换代成本高。二是共建模式,即根据企业自身的行业定位和发展愿景,结合学校的需求,在共赢的基础上由企业提供技术搭建平台,并且通过自身本来的集聚功能汇集大量的优质企业参与其中。同时,高校能够及时收集企业的需求,进行人才培养模式和方案的调整,按照用人单位所需的规格来培养人才,满足企业发展需要,形成具有活力的、不断迭代升级的平台。这种模式的难点是愿意与高校共建平台且符合高校要求的企业很难找,建立长期合作与发展的机制非常不容易。三是自建模式,即由高校内部利用自身的技术优势和研究优势建设精准就业平台,由自己出资、建设和管理。其优点是内部的融通互联,方便统一高校内部各个部门的信息数据,能够充分保障数据安全。其缺点是与市场会有一定程度的脱节,不能准确地把握用人单位的需求,后期转型升级的空间不大。以上三种模式各有利弊,可以根据学校的实际需要和现实的条件来选择使用。

（三）融入整体智慧校园

大学生精准就业管理服务体系实际上是智慧校园的一部分，这是对精准就业的顶层设计，需要重新定义大学生就业精准管理服务的内涵，并且界定其与其他部门等利益相关体之间的关系，实质上就是重构就业管理服务体系。实施大学生精准就业服务工作的实质就是运用现代信息技术使就业服务能够简单、高效、便捷地实施。现代信息技术包含无形的互联网络和有形的智能设备。其中类型非常丰富的是智能设备，基本可分为信息的采集端和输出端。智能设备的设置和布局要综合考虑学生的体验感和便捷性，兼顾高效、科学、方便和安全等因素，而且还要有超高的可维护性。如要准确掌握学校大型招聘会的学生参与人数，在现场设置的学生信息采集端设备就需要高效和精准。同样，输出设备要尽可能地满足大多数学生的需要，方便使用，以达到设备使用效率的最大化。应尽可能将其设置于学生经常出入的场所，如将自动打印机设置在宿舍楼道、教学楼门厅、图书馆大堂、学生食堂等公共区域，方便学生打印等。

（四）打造专业化队伍

打造专业化队伍，主要通过管理服务人员的职业化来实现。专业化和职业化的队伍是实现大学生精准就业管理服务的重要保障，一定要有专业化的队伍支撑。队伍的专业化主要体现在专业化态度和专业化能力上。专业化态度主要包括秉持忠于教育的理念和全心全意为学生服务的思想，用现代信息技术优化工作的意识、创新发展的精神等为大学生提供精准就业管理服务。专业化能力主要包括运用互联网技术、大数据技术、信息化设备的能力，这些能力是实现精准就业的基础。专业化队伍建设主要包括两方面内容：一是数据处理和使用的专业化，大学生精准就业管理服务系统产生的大数据本身不会有任何的意义，而专业化的队伍会通过专业的、科学的大数据分析预测来把握就业的状态和质量，准确地呈现出就业主体之间清晰的关系；二是精准就业管理服务体系的设计、构建、运营与维护都需要专业化的技术和常态化的服务，其核心就是一支数量稳定、结构合理的专兼职结合的专业化的大学生就业工作队伍，稳定的队伍必须要有校内外专家参与，多元化的队伍为精准就业系统提供持续、有效的智力支持。

（五）加强信息安全建设

大学生精准就业管理服务工作得以成功开展的核心是以大数据技术为基础，通过云存储和物联网技术链接搭建的，综合的、立体的新服务管理模式。大学生精准就业工作涉及面广，由学校内外多个部门和机构参与，并且系统的运行需要海量的数据收集和数据计算，数据成为精准就业工作的"命门"。数据是对每一个具体参与主体和就业的每一个工作环节的描述，涉及用人单位的商业信息、高校专业的建设、大学生的个人隐私。保证数据信息安全，防止被不法分子利用是高校进行大学生精准就业工作面临的重要问题。在大学生精准就业的工作中，为了提高信息沟通和交流的效率与程度，各类数据信息都被置于互联网中，成为互联网的一部分，大大增加了数据库被非法攻击、各类信息泄露的风险。针对这些安全风险，高校应该在大学生精准就业工作的具体环节中排查风险点，建立数据信息安全制度，并完善机制，将就业数据信息安全纳入学校信息安全的规划和总体设计中。首先，做好校内信息的安全防火墙；其次，提升数据安全级别，将学校就业数据安全纳入政府数据安全管理体系。安全级别越高，信息安全保护的措施就更加完善，数据就更加安全。

第三节　大学生精准就业管理服务系统

构建大学生精准就业管理服务系统，要根据大学生就业服务工作的全过程精心设计，用现代信息技术处理就业信息，大力收集用人单位、高校、大学生等就业主体的属性和需求信息，通过数据的收集、清洗、识别、分析、对接来构建。

一、系统概述

基于大学生就业服务工作，通过运用大数据，利用云计算、物联网等信息化手段，一方面给大学生提供全面、精准的就业信息，另一方面给大学生提供安全、有效、丰富的就业辅助工具，提升学校的就业率和就业质量，通过全新的主体体验，全面增强就业主体的满意度。大学生精准就业管理服务特别强调就业工作中的大数据概念，通过加大对"就业中"的数据的收集和挖掘，为来年"就业前"的指导工作提供强有力的支持，并且通过积累"就业后"的数据对大学生人才培养的效果形成方向性的判断和预测，有效利用教育教学改革，反作用于人才的培养。结合实际工作，大学生精准就业管理服务系统应至少包含以下几个子系统。

（1）基本信息系统。基本信息系统主要是基本信息的分类采集和统一管理，主要面向行业、用人单位、职业岗位、大学生特征等信息。

（2）信息分析系统。信息分析系统主要通过大数据处理建立信息之间的连接，并对其进行搜索、选取和分析加工，生成相关分析报告，包括就业市场分析、毕业生实习就业分析、职业发展分析等。

（3）就业平台系统。就业平台系统主要为用人单位、学校和学生之间搭建相互搜寻的通道，用于直接对接就业供需双方，包括实习就业信息的收集发布、实习、就业、招聘工作（网上招聘会等）的开展、创新创业指导、精准帮扶等。

（4）信息联动系统。信息联动系统主要是通过大数据技术、云计算技术建立信息之间的有效匹配和及时互动，实现供需的匹配，同时可以用数据模型展示变化趋势，包括毕业生追踪、就业市场预测等内容，分析预测市场对人才的需求，也可以建立招生专业、规模的模型。

二、建设目标

（一）精细化管理服务

就业主体通过大学生精准就业管理服务系统能精准识别自身需求的信息。大学生、用人单位可以精准描述就业诉求，通过云计算实现相似度的匹配，进行一对一推送，实现从发布招聘公告、面试到发布招聘结果的全过程管理。

（二）高效率的运作

大学生精准就业管理服务系统的建设使得大学生与用人单位之间能够有效互动，学校管理机构能够及时监督、跟踪就业进程，消除主体之间的空间限制、节约成本，真实建立有效联系，提前清除无用信息，有效提高三方在就业过程中的成功率和满意程度。

（三）全时段无限制管理服务

通过学校微信公众号、手机短信实现移动就业、随时随地就业。通过只注册一次的终身制的就业信息享用权利，可以实现数据库中用人单位和大学生的数据数量的稳定增长。

三、建设方案

（一）基础信息平台

1. 基础数据字典

基础数据字典主要是对系统用到的标准数据字典类型进行维护，如公司所在行业、职位类别、公司规模，学生的学历、培养方式、民族、高校专业代码、毕业去向、政治面貌、外语语种，以及单位性质、省市县地区编码等，并与教育部、各省教育厅公布的高校代码库一致。

2. 学校信息库

学校信息库中所有编码和教育部、各省教育厅公布的高校代码库保持一致，且各院系负责管理维护学校开设的院系信息，各专业负责管理维护学校各院系开设的专业信息，各年级负责管理维护学校招生年级信息，各班级负责按年级、院系、专业管理要求维护班级信息，各专业方向负责管理维护学校各院系开设的专业信息下的各个方向信息。

3. 学生信息库

学生信息库中主要有基本信息、家庭信息、学籍信息、籍贯信息、就业信息、学工信息等。其字段包括但不限于常用就业系统相关字段。学生信息可直接导入，也可与其他系统同步对接。

4. 自定义标签

学校可以根据实际情况自定义后台数据标签，且标签可被所有功能调用，支持标签分类，如招聘工作、就业工作等。

（二）管理维护平台

1. 角色权限管理

角色权限管理可以实现学籍管理配置、院系管理员配置、企业管理员配置、招聘管理员配置等功能。支持自定义角色和功能配置。

2. 用户注册管理

学生和用人单位可通过页面申请进行注册。注册时需完善相应的基本信息，管理员审核通过后，申请信息可通过短信提醒相关管理人员。支持管理人员批量添加注册主体。

3. 用户登录管理

用户登录管理用于实现用户登录相关功能，支持手机短信验证码登录。

4. 派遣信息管理

派遣信息管理用于管理和维护派遣信息，支持手动维护和批量维护。

5. 消息管理

消息管理用于配置短信通道以及短信发送记录查询。

6. 公众号管理

公众号管理用于配置学校公众号、订阅号管理等功能。

7. 日志管理

日志管理用于实现系统内所有功能模块的日志记录、导出功能。

（三）信息公布平台

信息公布平台主要包括重要通知、就业政策公布、就业快讯、资料下载、企业介绍、关联系统、广告位等。可以根据实际情况进行自定义栏目、设置栏目管理员等操作。

（四）就业管理平台

1. 签约管理

签约管理用于管理和维护学生签约相关信息，其主要功能有协议编号管理、定义和维护三方协议编号、签约信息审核及批量处理、签约信息电子文件批量处理等。

2．派遣管理

派遣管理用于学生档案派遣管理，支持多条件下批量派遣、派遣信息手动维护以及报到证编号管理等。

3．招聘会管理

招聘会管理支持双选会、专项招聘会、自定义招聘会等多种形式。

4．新闻通知

新闻通知用于发布新闻、就业快讯等公共信息。

（五）就业服务平台

1．简历管理

学生可在线编辑个人简历，且保存多份简历，能实现简历的导入和导出。

2．简历投递

学生在查阅系统内的企业招聘信息时，可以实现简历投递。学生可于"我的求职"功能中查看所投简历的状态。

3．在线面试

学生可通过相关 App 或系统提供的平台与用人单位进行在线面试。用人单位可在视频面试过程中填写面试记录表。该功能还可支持面试视频的本地保存和在线查阅。

4．就业协议书

就业协议书支持网上签约以及打印就业协议书。

5．就业信息通知

就业信息通知可以显示就业相关系统通知。

（六）企业服务平台

1．企业介绍

企业介绍用于用人单位编辑、上传企业介绍资料。

2．企业招聘信息公布

企业在此设置招聘岗位，编辑、上传岗位要求、待遇、福利等相关内容；发布招聘公告，经管理员审核后生效。企业在此可以添加精准就业相关要求，筛选招聘要求与学生简历的匹配程度；查看毕业生简历库，向心仪的毕业生主动推送面试邀请，系统也可以根据用户设置的精准就业信息，推送学生简历。

3．招聘结果发布

学生通过系统投递简历后，企业在应聘管理中进行电子化招录（如通知面试、试用、录用等），同时反馈给学校管理员，学生也可以选择查看。

4．就业协议

就业协议用于编辑、上传、下载就业协议书。

（七）统计分析平台

统计分析平台提供基于系统内数据的统计报表功能，主要可以进行学生素质分析、企业招聘需求与岗位分析、学生简历诉求分析、学生就业类型分析等。

参考文献

[1] 吕菊芳.新发展格局下大学生就业能力研究[M].北京：中国纺织出版社，2021.

[2] 陈勇.大学生就业能力协同开发机制研究[M].杭州：浙江大学出版社，2019.

[3] 陈勇.大学生就业创业技能指导与研究[M].北京：中国书籍出版社，2022.

[4] 程钰淇.大学生职业生涯规划与就业指导的策略研究[M].汕头：汕头大学出版社，2022.

[5] 单林波.大学生创新创业思维与方法研究[M].北京：中国商务出版社，2020.

[6] 邓峰.基于创新思维的大学生创新创业能力培养研究[M].北京：北京工业大学出版社，2021.

[7] 丁丽芸，林可全，马军.现代经济发展与就业规划[M].哈尔滨：哈尔滨出版社，2020.

[8] 李竹宇.认知自我与规划人生[M].北京：北京燕山出版社，2021.

[9] 刘朔，张茜，王诗琦.大学生就业力研究[M].西安：西安交通大学出版社，2022.

[10] 刘怡，乔岳.创新创业新思维[M].济南：山东教育出版社，2022.

[11] 刘元春.读懂双循环新发展格局[M].北京：中信出版社，2021.

[12] 沈佳，许晓静.基于多视角下的高校学生管理工作探究[M].北京：现代出版社，2021.

[13] 孙小龙.制度关怀塑造大学生全面发展[M].北京：新华出版社，2023.

[14] 王达苗.职业生涯起跑[M].北京：科学技术文献出版社，2022.

[15] 王丹.新时期我国大学生精准就业帮扶干预机制跟踪研究[M].长春：吉林大

学出版社，2021.

[16] 吴建章.高校贫困生问题研究[M].济南：山东人民出版社，2016.

[17] 谢少娜，洪柳华，傅燕萍.基于产教融合背景下的高职学生就业创业教育研究[M].沈阳：辽宁大学出版社，2021.

[18] 杨莉，陶莎莎，王文棣.大学生就业心理透视[M].北京：现代出版社，2020.

[19] 杨道，林怡冰.高校学生管理工作的行与思[M].天津：天津科学技术出版社，2022.

[20] 姚亮.高校大学生职业价值与创新创业教育研究[M].北京：中国书籍出版社，2023.

[21] 张静."慢就业"形势下大学生就业精准服务研究[M].北京：知识产权出版社，2022.

[22] 张科.大学生精准就业模式探索与实践[M].成都：西南交通大学出版社，2020.

[23] 张利海.新形势下高职院校教育管理创新研究[M].北京：中国商业出版社，2023.

[24] 张文俊，张茜，高汝男.高校校园文化与就业创业管理[M].长春：吉林出版集团股份有限公司，2020.

[25] 赵子童.当代大学生就业指导与创业教育研究[M].长春：吉林大学出版社，2020.